Mr.Seki's Guide to Junior High English

カラー改訂版

世界一わかりやすい 中学英語の授業

スタディサプリ講師
関 正生
Masao Seki

※本書は2012年に刊行された
『世界一わかりやすい中学英語の授業』をオールカラー化した改訂新版です。

KADOKAWA

「ネイティブのキモチ」「英語の核心」を解説します

この本は中学英語を「ただやさしく語る」本ではありません。
今まで何十年と日本人が正しいと思い込んできた**「英語の土台」そのものにメスを入れる**ことで、「本当の英語」を解説する本です。
「ネイティブが言うから」「決まりだから」「それは例外」……。
丸暗記を強要されてきた文法事項をキレイにそぎ落とし、「英語の核心」を解説していきます。
英語そのものの分析はもちろん、英語の文化背景・英語の歴史・日本語との比較・文法用語の意味・外国語の影響……。
今までにない「大きな視点」で、**あらゆる角度から英語の本質を追究**していきます。

この本の特長は次の３つです。

❶ 丸暗記を排除！

ただやみくもに暗記していく従来の英語とはまったく違います。丸暗記のいらない「考える」英語は、鮮明に頭に焼きつき、英語ネイティブのキモチが理解できるようになります。

❷ 学生のころの「疑問」にすべて答えます！

「なんで I（アイ）は常に大文字？」「なんで３単現のsが必要なの？」「（study→studiesのように）yがiになる理由」など、学生のころに感じた、でも「覚えなさい」と言われてしまった疑問にお答えします。

❸ 上級者でも知らない内容がめじろ押し!

今まで誰も聞いたことのない「英語の核心」を解説します。たとえば、as ～ asは「同じ」という意味ではありません。また日常会話でよく使われる「命令文の意外な正体」など、実生活でもよく使われるのに、今まで語られなかった「ネイティブの本当のキモチ」を解説します。どんな上級者や英語教師の方にも「なるほど」と思っていただけることをたくさんお話しいたします。

25年以上の講師人生で、研究に研究を重ね、何度も「授業」という舞台で解説を洗練させてきた「新しい英語の考え方」を紹介します。
さあ、始めましょう!

2020年1月

関　正生

この本は、中学レベルの英語を文法項目別に学んでいけるよう、構成しています。各テーマではそれぞれ、「例文」を示し、「従来の説明」ではどう教わっていたか、この本で学ぶ「英語の核心」はどこにあるかを示し、文法事項を説明していきます。

※なお、本書は中学の英語の授業で習う範囲を網羅的に取り扱ったものではありません。その代わり、今までにない視点で、英語の基礎を解説しています。

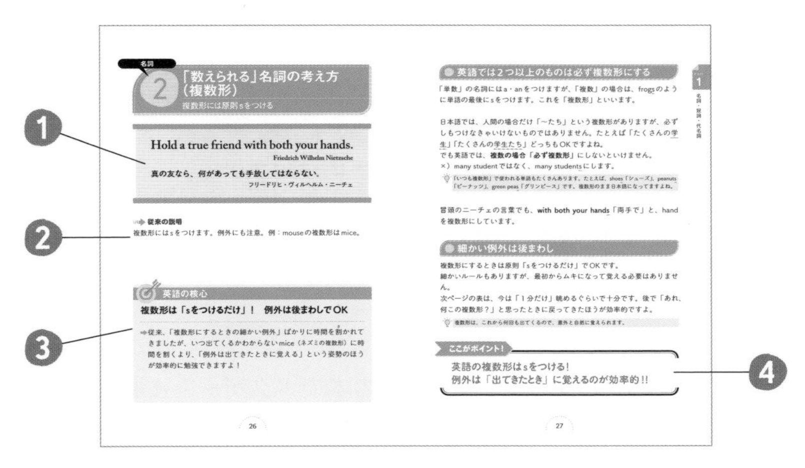
名詞

2 「数えられる」名詞の考え方（複数形）

複数形には原則sをつける

Hold a true friend with both your hands.

Friedrich Wilhelm Nietzsche

真の友なら、何があっても手放してはならない。

フリードリヒ・ヴィルヘルム・ニーチェ

従来の説明

複数形にはsをつけます。例外にも注意。例：mouseの複数形はmice。

英語の核心

複数形は「sをつけるだけ」！　例外は後まわしでOK

⇒従来、「複数形にするときの細かい例外」ばかりに時間を割かれてきましたが、いつ出てくるかわからないmice（ネズミの複数形）に時間を割くより、「例外は出てきたときに覚える」という姿勢のほうが効率的に勉強できますよ！

26

英語では2つ以上のものは必ず複数形にする

「単数」の名詞にはa・anをつけますが、「複数」の場合は、frogsのように単語の最後にsをつけます。これを「複数形」といいます。

日本語では、人間の場合だけ「〜たち」という複数形がありますが、必ずしもつけなきゃいけないものではありません。たとえば「たくさんの学生」「たくさんの学生たち」どっちもOKですよね。

でも英語では、**複数の場合「必ず複数形」**にしないといけません。

×）many studentではなく、many studentsにします。

「いつも複数形」で使われる単語もたくさんあります。たとえば、shoes「シューズ」、peanuts「ピーナッツ」、green peas「グリンピース」です。複数形のまま日本語になってますよね。

冒頭のニーチェの言葉でも、**with both your hands**「両手で」と、handを複数形にしています。

細かい例外は後まわし

複数形にするときは原則「sをつけるだけ」でOKです。

細かいルールもありますが、最初からムキになって覚える必要はありません。

次ページの表は、今は「1分だけ」眺めるぐらいで十分です。後で「あれ、何この複数形？」と思ったときに戻ってきたほうが効率的ですよ。

複数形は、これから何回も出てくるので、意外と自然に覚えられます。

ここがポイント！

英語の複数形はsをつける！

例外は「出てきたとき」に覚えるのが効率的!!

27

1 名詞・冠詞・代名詞

❶ 例文

Hold a true friend with both your hands.

Friedrich Wilhelm Nietzsche

真の友なら、何があっても手放してはならない。

フリードリヒ・ヴィルヘルム・ニーチェ

➡各テーマの冒頭には「偉人の名言」「有名な物語の一節」を例文として使いました。中学文法だけでは完全に理解しきれない部分もありますが、それでも「今、学んでいる英文法はこのように活きている」ということに気づき、１つの目標になると思います。

❷ 従来の説明

> **従来の説明**
> 複数形にはsをつけます。例外にも注意。例：mouseの複数形はmice。

➡このページで扱うテーマについて、今までずっと教えられてきた「典型的な説明」を書きました。「あ〜、こういうふうに教わったなあ」という確認程度に利用してください。

❸ 英語の核心

> **英語の核心**
> **複数形は「sをつけるだけ」！　例外は後まわしでOK**
> ➡従来、「複数形にするときの細かい例外」ばかりに時間を割かれてきましたが、いつ出てくるかわからないmice（ネズミの複数形）に時間を割くより、「例外は出てきたときに覚える」という姿勢のほうが効率的に勉強できますよ！

➡「従来の説明」とは一線を画す、この本でボクが一番強調したい「英語の考え方」です。今まで聞いたことのない内容がたくさんあると思いますが、解説を最後まで読んでいただければ「従来の説明」では何がいけないのかに気づき、「丸暗記のいらない英語」がマスターできるはずです。

❹ ここがポイント！

> **ここがポイント！**
> **英語の複数形はsをつける！**
> **例外は「出てきたとき」に覚えるのが効率的!!**

➡「英語の核心」を端的にまとめたものです。

Contents

Part 2 前置詞
前置詞がわかると英語の世界がvividに変わる！

Part 3 動詞
動詞は英文の核を作る

Part 4 時制
時制しだいで意味がガラッと変わる！

Part 5 助動詞

助動詞を使えば微妙なニュアンスを表現できる!

Part 8 不定詞・動名詞・分詞
動詞が「ほかの品詞」に変わったもの

イラスト／ツダタバサ　本文デザイン／相京厚史（next door design）
校正／（株）エディット　編集協力／水島 郁
撮影／松谷靖之　ヘアメイク／弾塚 凌

プロローグ 英語に丸暗記は必要ない！
〜自分の「記憶力や根気」を責める前に〜

「やさしく暗記させる」今の英語教育

今の英語教育の一番の問題は、大前提にしている「英語の基本」がすでにズレているということです。
たとえば、onは「上」、byは「〜によって」、willは「〜でしょう」と教える。youは「あなた」しか教えない。命令文はすべて「命令調」だと教える……。

残念ながら、以上のような今まで当たり前のように習ったことすべてが、本質からズレているんです。「やさしくかみ砕いて説明する」ことに力が注がれるものの、**結局は昔からの「ルールと例外」を「やさしく暗記させる」のが現状**なんです。

基本がズレていると、後で必ず歪（ひず）みが出てきます。
その歪みを「ネイティブが言うから」という理由で全部丸暗記させられてきたのです。

でも、**丸暗記は時間が経てば丸ごと忘れます。**
それを何度か繰り返しているうちに、今度は自分の記憶力を責めたり、挙句（あげく）は「自分に英語は無理なんじゃないか……」と思い始めたりしてしまうんです。

たとえるなら、花を咲かせたいのに、種を蒔（ま）く場所が間違ってるんです。
日が当たらない害虫ばかりの場所なのに、水をやる回数を増やしたり、消毒薬を変えてみたり、かわいい花壇を作ったり……。

そうではなくて、**植える場所そのものが違う**んです。
場所を変えましょう。土を変えましょう。

ボクは今まで誰も教えなかった「日の当たる場所」を紹介します。
きちんとした「土台」、つまり「英語の核になる部分」を解説します。

onは「くっついている」(73ページ)、byは「近くに」(83ページ)、willは「100％必ず〜する」(151ページ)、youは「あなたも私もみんな」(51ページ)、命令文は「優しい命令文がよく使われる」(177ページ)…… すべてくわしく解説します。

「強み」を生かして英語を学ぶ

英語を勉強したいと思っているみなさんは、あくまで**「英語が苦手」なのであって、「日本語が苦手」なのではありません**よね。

今までの英語の本では、まるで子どもを相手にするかのように「やさしい言葉」で説明してきました。でもこれでは**「日本語力」という大人の最大の武器**を自ら放棄することになってしまいます。

逆に、子どもの強みは「膨大な時間・ミスしてもヘコまない・未知のものへの好奇心」です。この3つで子どもと張り合える大人はいないでしょう。

子どもにはない強みが「日本語力」なんです。

たとえば歯医者での説明を思い浮かべてください。
子どもが相手なら「ジーンとする」「バイキンが暴れだす」みたいな説明でいいでしょうが、大人相手には「麻酔」「副作用」という言葉を使ったほうが理解が早く、何よりも「正確」なわけです。

というより、正確に理解をするために、そういった用語が存在しているわけです。

この本は表面上の「やさしさ」を競うのではなく、**「本当の英語」を理解**することを目指します。そのためには「大人の最大にして最強の武器」である**「日本語力」をフルに使う必要がある**んです。

といっても、特別難しい言葉を使うわけじゃありません。普通の日本語です。中学生にもわかります。ただ今までの英語入門書と比べたら、やさしい言葉は使ってない、というだけです。

「例外」は壁にブチ当たったときに覚える

中学英語で挫折する原因の１つは、最初から細かいルールを覚えようとすることです。

従来の本は、とにかく細かい例外までのせてあります。
たとえば「不規則な複数形」として、「mouse（ネズミ）の複数形はmiceです」とあったりします。

でもmiceなんて単語、どこで使うんでしょう？

この１週間、みなさんの会話（日本語）で「ネズミ」って単語、たぶん出てきてないと思います。

スマホやパソコンで「ね」と打ち、予測変換で「ネズミ」が最初に出てくることはないと思います。ボクの場合、最初が「寝る」で、「ネズミ」は67番目でした。こんなもんですよね。

実はネイティブだって、子どものうちはmousesと言い間違えます。
「英語は難しいから心してかかれよ」と教師が脅かしたいだけの例外につきあう必要はありません。

「例外」は壁にブチ当たったときに覚えるのが一番効果的です。
まずは基本だけに集中すると、今までとは比べものにならないくらいスムーズに勉強が進むはずです。

スペルにとらわれすぎない

「細かいことにとらわれる」といえば、単語のスペルがあります。
なぜか中１のとき、WednesdayやFebruaryを書く練習ばかりさせられませんでしたか？

スペルを正確に書くためには、膨大な時間がかかります。
もちろんミスがないほうがいいわけですが、パソコンならスペルチェック機能を使えば一瞬です。
パソコンの普及で、現代は昔ほどスペルにこだわる必要がなくなりました。

つまり、単語テストがある中学生なら別ですが、社会人が、しかもパソコンで英語を書く機会が増えた現代において、あまりスペルにムキになる必要はないんです。

「スペルの呪縛」から抜けるだけで、驚くほど勉強がスムーズに進むはずですよ。

「丸暗記のない英語」とは？

この本を手にしたみなさんは「もう１度英語にチャレンジ」と思ったはずです。でも、何も**昔挫折したのと同じやり方（丸暗記主義）でリトライする必要はありません！**

確かに、語学に「暗記」は必要です。でも「ネイティブが言うから」という理由だけで英語のルールや決まり文句を、理由も考えず「丸暗記」する必要はありません。

では「丸暗記のない英語」とは、どういうものなのでしょうか？

ボクの言う「丸暗記のない英語」とは、つまり「きちんと理由を考える英語」のことです。**「きちんと理由を考える英語」は、記憶の定着度がまったく違います。**

ただやみくもに呪文のように唱えるのではなく、理由を考えながら学ぶことで、すべての単語ひとつひとつに意味がある、場合によってはスペルの１文字ずつにも意味があるということさえ実感でき、しっかりと記憶に残るはずです。

また、「丸暗記のない英語」では、機械的なやりとりを超えた、本当のコミュニケーションができるようになります。
英会話フレーズ集を片手に海外旅行をしたことのある方ならわかるでしょ

うが、空港・レストラン・ホテルなどでは、フレーズ集のままでも通じます。

でも、そこからちょっと深い話になったり、脱線したり、「ジョーク」が出た瞬間、「相手の発言」も「みなさんの言いたいこと」も、フレーズ集には一切見当たらなくなるはずです。

英語を勉強するみなさんの「最終目標」は、決して「決まり文句のやりとり」ではないと思います。
会話のフレーズ・決まり文句を丸暗記した英語は、セリフを棒読みするのと同じです。
一字一句丸暗記したスピーチは、誰も聞いてくれませんし、ましてや人の心をつかむことなど絶対にできません。

みなさんの最終目標は「英語を使って、相手のキモチを理解すること・自分のキモチを伝えること」だと思います。
ひとつひとつ英語の理由・文化背景を知っていくことで、本当の意味での異文化理解・国際理解が可能になるんです！

では、新しい「英語の授業」を始めていきましょう！

名詞・冠詞・代名詞

ネイティブの「感性」が
一番よく表れる分野

Part 1 の全体像

名詞【めいし】

「物の名前を表す詞（ことば）」のこと。
当たり前でそっけない名前とは裏腹に、英語の中では「動詞」と並ぶ超重要品詞。日本語にはない「可算（かさん）・不可算（ふかさん）」「単数・複数」という発想が必要で、英語の中でも、ネイティブの「感性」が一番よく表れるにもかかわらず、すべて丸暗記させられてきた分野。

「名詞」のポイント

1. 「数えられる名詞」は「単数・複数」を意識する

2. 「数えられない名詞」は「形がイメージできない」って感覚をつかむ

3. 普段は「数える」のに「aがない」、普段は「数えない」のに「aをつける」ネイティブの感覚を押さえる

冠詞【かんし】

「名詞の前に冠のようにつける詞」のこと。
「冠」なんてネーミングがかわいいうえに、aとかtheのような「威圧感ゼロ」の単語なので最初はナメられるが、後から後から「こんな用法もある」と教えられ日本人を苦しめる。英語教育の世界では「前置詞３年・冠詞８年」という有名な言葉があって、うまいこと言ってやった感を出してばかりで、なかなかきちんと解説してもらえない分野。

「冠詞」のポイント

❶ theの感覚

❷ "the＋複数形"と"ただの複数形"の違い

代名詞 【だいめいし】

「名詞の代わりになる詞」のこと。
名詞そのものを言うのではなく、「彼・彼女・それ」といった言葉に変えて言うもの。「名詞の代わり」なんて存在感を否定されるようなネーミングで、しかも日本語では代名詞があまり重視されず、"I-my-me-mine"の暗唱ばかりで軽々しく扱われてきたが、英語の世界では大活躍する。

「代名詞」のポイント

❶ 代名詞の4変化と「〇〇格」という用語をマスターする

❷ youの意外な使い方をマスターする

「数えられる」名詞の考え方（単数形）

「古池や蛙(かわず)飛び込む水の音」——カエルは何匹？

"Yes," said Romeo. "I love a woman."

Romeo and Juliet William Shakespeare

「そう。好きな人がいるんだ」ロミオは言いました。

『ロミオとジュリエット』シェイクスピア

従来の説明

数えられる名詞にはaをつけましょう。

英語の核心

日本語では、1匹でも何匹いても「カエル」は「カエル」という形。
英語では、1匹ならa frog、何匹かいればfrogs。単数・複数をハッキリ示す。

➡「日本語と英語の違い」という大きな視点から考えると、名詞の全体像が見えてきます。日本語は「空気を読む」文化なので、カエルが何匹いるか「聞き手が察する」、英語は「話し手がハッキリ伝える」という大きな違いがあるんです！

日本語では何でも「数える」

日本語の世界では、名詞は何でも数えます。
「数えない」なんて発想はありません。
何でも数えるので、「数え方」にたくさんバリエーションがあります。
「1個、2冊、3枚、4本、5台、6人、7匹、8羽、9頭、10着……」
このように、日本語ではあの手この手で数えまくるわけです。

英語では「数える・数えない」が半々

一方、英語の世界では、名詞は「数えられる名詞（可算名詞）」と「数えられない名詞（不可算名詞）」の2つに分かれます。
可算名詞はbookやappleなど「**ハッキリした形があるもの**」です。
不可算名詞はwaterやloveなど「**ハッキリした形がないもの**」です。

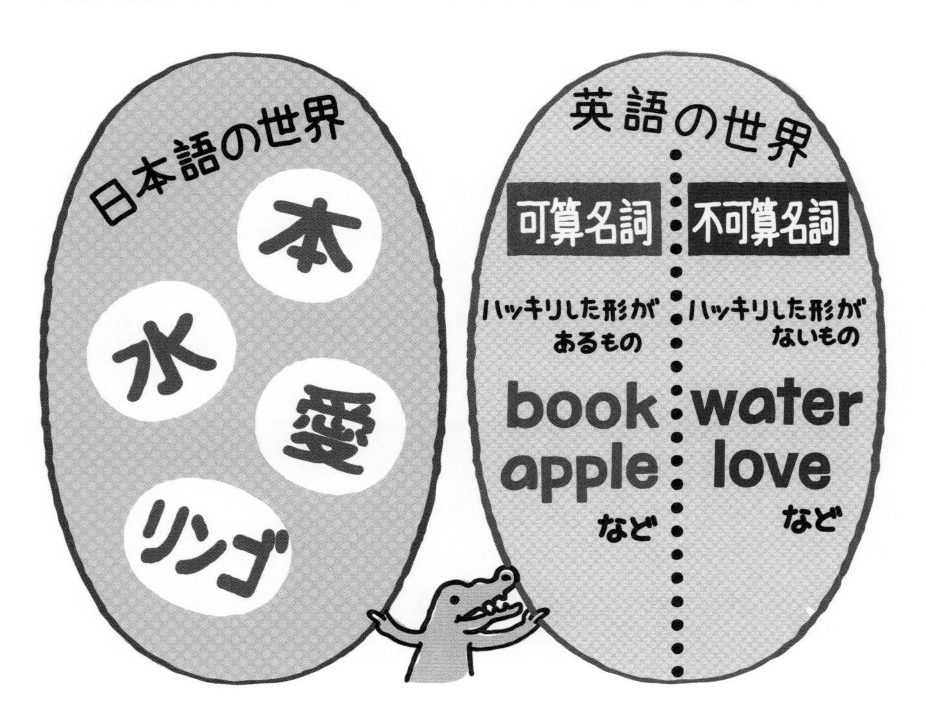

「古池や蛙(かわず)飛び込む水の音」のカエルは何匹？

今回は「可算名詞」を説明していきます。
可算名詞の場合、単数（1個）か複数（2個以上）かを示すのが英語の世界でのマナーです。
日本語では、数えまくる（数え方のバリエーションが豊富）のに、それが単数か複数かまでは示しません。

たとえば冒頭の「古池や蛙(かわず)飛び込む水の音」という松尾芭蕉の俳句を思い浮かべてください。さて、「カエル」は何匹だと想像しますか？

1匹だけが飛び込む音かもしれませんし、何匹かいるかもしれません。
でも、単数だろうと複数だろうと「カエル」は、「カエル」という形のままです。
日本語は「空気を読む」という文化なので、話し手は「カエル」と言うだけでいいのですが、聞き手は何匹なのか「察する」作業が必要なんです。

でも英語は違います。
1匹ならa frog、複数ならfrogsと形がちょっとだけ変化します。
「空気を読む」では誤解が起きるので、「単数形にはa、複数形にはs」をつけて、**話し手がハッキリ伝えるのが英語**なんです。

ですからこの俳句は、翻訳者によって解釈がバラバラで、実際に100とおり以上の訳し方が発表されているそうです。

anからaが生まれた

a frogのように、「単数」の場合はa(ア)をつけます。aは「1つの」という意味で、「たくさんある中の1つ」というニュアンスです。

このaを「冠詞(かんし)」と言います。名詞の前に置くわけですが、英語の世界では「名詞に冠をのせてあげる」という感覚です。

冒頭のロミオのコトバには**a woman**があります。woman「女性」は当然「数える名詞」なので、aをつけて「あくまで、ある1人の女性が好きなんだ」と伝えているわけです。

また、「母音（ぼいん）（アイウエオ）で始まる」名詞（たとえばapple）の場合は、aではなく、anをくっつけます。リンゴ1個はan appleです。

「母音が並ぶ」のは発音しにくいんです。×）a appleだと、「ア・アップル」がちょいとイケてないので、an apple「アン・アップル」となるわけです。

ちなみに、ほとんどの日本人が「aからanができた／aが使えないときの代わりにan」ってイメージを持ってると思いますが、ホントは逆なんです。
まずoneとanはもともと同じ単語でした。one「ワン」とan「アン」の発音が似てますよね。そして長い時間の中で、anが軽く発音され、語尾の“n”がとれて、aが生まれたんです！

ここがポイント！

まずは「数える・数えない」を判断！
「数える」なら「単数・複数」を示す!!

名詞

「数えられる」名詞の考え方（複数形）

複数形には原則sをつける

Hold a true friend with both your hands.

Friedrich Wilhelm Nietzsche

真の友なら、何があっても手放してはならない。

フリードリヒ・ヴィルヘルム・ニーチェ

従来の説明

複数形にはsをつけます。例外にも注意。例：mouseの複数形はmice。

英語の核心

複数形は「sをつけるだけ」！　例外は後まわしでOK

➡従来、「複数形にするときの細かい例外」ばかりに時間を割(さ)かれてきましたが、いつ出てくるかわからないmice（ネズミの複数形）に時間を割くより、「例外は出てきたときに覚える」という姿勢のほうが効率的に勉強できますよ！

英語では2つ以上のものは必ず複数形にする

「単数」の名詞にはa・anをつけますが、「複数」の場合は、frogsのように単語の最後にsをつけます。これを「複数形」といいます。

日本語では、人間の場合だけ「〜たち」という複数形がありますが、必ずしもつけなきゃいけないものではありません。たとえば「たくさんの学生」「たくさんの学生たち」どっちもOKですよね。
でも英語では、**複数の場合「必ず複数形」**にしないといけません。
×）many studentではなく、many studentsにします。

「いつも複数形」で使われる単語もたくさんあります。たとえば、shoes「シューズ」、peanuts「ピーナッツ」、green peas「グリンピース」です。複数形のまま日本語になってますよね。

冒頭のニーチェの言葉でも、**with both your hands**「両手で」と、handを複数形にしています。

細かい例外は後まわし

複数形にするときは原則「sをつけるだけ」でOKです。
細かいルールもありますが、最初からムキになって覚える必要はありません。
次ページの表は、今は「1分だけ」眺めるぐらいで十分です。後で「あれ、何この複数形？」と思ったときに戻ってきたほうが効率的ですよ。

複数形は、これから何回も出てくるので、意外と自然に覚えられます。

ここがポイント！

英語の複数形はsをつける！
例外は「出てきたとき」に覚えるのが効率的!!

「複数形の作り方」と「複数のsの発音」

複数形の作り方

パターン	複数形の作り方	例
基本原則	-sをつける	dogs／books
語尾が “s／x／sh／ch／o”	-esをつける	buses／boxes／dishes benches／potatoes 例外：pianos／radios
語尾が “子音＋y”	y→iにして -esをつける	city→cities
語尾が “f／fe”	f・fe→vにして -es	leaf（葉）→leaves 例外：roofs
不規則変化	母音が変わる	man→men woman→women foot（足）→feet
	語尾が変わる	child→children
	無変化（単数も複数も同じ形）	fish→fish

「子音＋yで終わるときは、yをiにして-es（例：city→cities）」というルールについては127ページでくわしくお話しします。

複数のsの発音

sの前の語尾の発音	sの発音	例
語尾が有声音（母音や濁る音）	ズ	dogs（ドッグズ）
語尾が無声音（息だけの音）	ス	cups（カップス）
語尾が“ス・ズ／シュ・ジュ／チ・ヂ”	ィズ	buses（バスィズ） watches（ウォッチィズ）

ざっくり説明すると……「有声音」とは、「普段の声」です。「息と声が両方」出る音のことで、のどもとを触ると声帯の振動を感じます。日本語はすべて有声音です。「無声音」は、「ささやき声」です。「息だけ」が出る音で、のどもとを触っても振動は感じません。

名詞

3 「数えられない」名詞の考え方

なぜworkやbreadは数えられないの？

People were climbing up my body with baskets of bread and meat.

Gulliver's Travels Jonathan Swift

その人たちは、カゴにパンと肉を入れて、私の体をよじ登ってきました。

『ガリバー旅行記』スウィフト

従来の説明

advice・work・coffee・breadなどは数えられない名詞ですから、覚えましょう。

英語の核心

「ハッキリ形がイメージできない」名詞は数えません。

➡「形がイメージできない」パターンは「目に見えない（workなど）」か「切ってもOK（breadなど）」の２パターンです。
「数えられない名詞」は星の数ほどありますから、丸暗記するのは不可能です。「形がイメージできない」というネイティブの考え方がわかればカンタンですよ！

「形がイメージできない」ときは「数えない」

今回は「不可算名詞」の解説です。
日本語には「数えない」という発想がないので、今までは「不可算名詞は丸暗記」ばかりでした。

不可算名詞の核心は**「具体的な形がイメージできない」**です。
「ハッキリ形がイメージできない」ときは「数えない」んです。

たとえば、penは**「具体的な形がイメージできる」ので「数える（可算名詞）」**ですが、information・water・coffeeは**「具体的な形がイメージできない」ので「数えない（不可算名詞）」**です。

coffeeと聞いたとき、カップに入ったcoffeeを想像しますが、ハッキリ形がイメージできるのは「カップ」ですよね。ですからcupは数えますが、coffeeは具体的な形がイメージできないので数えないんです。

「目に見えない」もしくは「切ってもOK」なら不可算名詞

「形がイメージできない」をもっとくわしく言うと、「**目に見えない**（ので形がイメージできない）」、「**切ってもOK**（なので形がイメージできない）」という2パターンがあります。

そもそも「目に見えない」ものは具体的な形がイメージできるはずがありませんよね。日本語は数えまくる言語ですから、「アドバイスを1つ」と言いますが、adviceは目に見えないので、英語では数えません。

【①目に見えない（だから形がイメージできない）】
情報系：information（情報）／news（ニュース）／advice（アドバイス）
仕事系：work（仕事）／homework（宿題）／housework（家事）
利害系：fun（楽しみ）／progress（進歩）／damage（損害）

「workやhomeworkが目に見えない」というのは意外に思うかもしれませんが、**「仕事・宿題」そのものは目に見えない**んです。
あくまで「働く人間」「宿題のテキスト」が見えるんであって、「仕事や宿題といった労働自体は目に見えない」というのが英語の発想なんです。

【②切ってもOK（だから形がイメージできない）】
water（水）／coffee（コーヒー）／sugar（砂糖）／bread（パン）

「切ってもOK」なものは、「具体的な形がイメージできない」ですよね。

sugarは角砂糖だろうが、真ん丸だろうが、それを押しつぶそうが、砂糖として何ら問題ありません。
逆に、penやbookを押しつぶしたり、半分に切ったりすれば大問題。だからpenもbookも数えるわけです。

冒頭の『ガリバー旅行記』では**bread**と**meat**が不可算名詞なので、aや複数のsはついていません（ちなみにbaskets「カゴ」は複数形ですね）。

ここがポイント！

「目に見えない」か「切ってもOK」なら、
「数えない」！

名詞

4 可算名詞なのに「aがつかない」場合

I go to school.の"school"には、なぜaがつかないの？

You will go to the party as you wish. Now it is time to get ready. First, bring me a pumpkin from the garden.

Cinderella

お望みならパーティーに行かせてあげるよ。さあ支度しようか。まずは庭からカボチャを1つ持っておいで。

『シンデレラ』

従来の説明

school・bedは「数えられる名詞」ですが、I go to school.のときにはa schoolとは言いません。go to bedは「寝る」という決まり文句です。

英語の核心

名詞は、aやsがついたら「具体的イメージ」を浮かべます。aもsもつかないときは「量」か「目的」を表します。

➡名詞には、なぜかちゃんと教えてもらえない大事なルールがあります。これがわかれば、schoolとa schoolの違いがスッと頭に入り、go to bedという決まり文句も丸暗記が不要になります！

schoolは可算名詞のはずなのに……

今回の内容は少しだけ複雑かもしれませんが、ちゃんと英語を理解するためには絶対に必要です。これを知らないと中１レベルの英文だって理解できないんです。論より証拠。次の文を見てください。

I go to school.

中１レベルの英文ですね。でもschoolに注目してください。school「学校」って、本当は「数えられる」名詞のはずですよね。

目にも見えるし、切ってもOKではないですよね。

「schoolは数えられる名詞」なのにaがついていません。
では、このschoolをどう考えればいいのでしょうか？

a pineappleとpineappleは全然違う

可算名詞には、今まで教えられなかった重要なルールがあるんです。
このルールを理解すれば、英語の世界がまったく変わってきますよ。

【可算名詞の核心】
①a（冠詞）やs（複数形）がつく→**【具体的なイメージ】**
②aもsもつかない → 不可算名詞扱い →**【量】**や**【目的】**

「aや複数のs」がつくと「具体的なイメージが浮かぶ」というのがネイティブの発想です。

たとえば、a pineappleと言えば、具体的に「１個のパイナップル」が浮かびます。

pineapplesなら「複数のパイナップル」が浮かびます。

これがもし、aも複数のsもつかないpineappleの形だったら、②のパターン「不可算名詞」扱いで、「パイナップルの量」を表すことになります。「量」とは、たとえば「パイナップルのジュース」や「カットパイン」のことです。どちらも「具体的な1個のパイナップル」の形ではありませんね。

また、飛行機の中でCAさんが言う“Chicken or fish?”にもaはつきません。あくまで「鶏や魚の一部」を料理したものだからです。逆に、「鶏が丸ごと1羽」や「魚が丸ごと1匹」ならば、aがつくわけです。

冒頭の『シンデレラ』の英文を見てみましょう。

First, bring me a pumpkin from the garden.

ここでa pumpkinに注目してください。**aがあるので「カボチャを具体的に1つイメージした絵」が浮かばないといけない**んです。
「ガッツリ1個のカボチャ」ですね。間違っても「カボチャのスープ」や「切った状態のカボチャ」ではありません。

schoolは「学校」ではない!?

「量」の次に「目的」について説明します。

さっきのI go to school. のschoolは、aもsもないので「不可算名詞」扱いされているわけです。
さすがにschoolを「量（液体や切った状態）」と考えるのは意味不明なので、この**schoolは「学校の目的」という意味になる**んです。

「学校の目的」＝「勉強」ですね。
schoolは、決して「学校（の校舎）」という意味ではなく、「勉強」って意味なんです！
だからI go to school. の本当の意味は「私は勉強しに行きます」なんです。

「親が学校に行く」などのときは、I go to school. とは言っちゃいけないんです（その場合は、a schoolなどになります。a schoolではじめて具体的な「学校（の校舎）」という意味になるんです）。

中学では「school＝学校」と習ったわけですが、本当に英語ができるようになるためには、schoolは「勉強」、a schoolなら「学校」と考えないといけないんです。

school

a school

これがわかると、決まり文句を丸暗記する必要がなくなります。

go to bed「寝る」

こういう決まり文句を中学校で習います。
本来bedは「数えられる」はずですが、今回のbedには、aもsもないですね。
だからbedの意味は、決して「ベッド」ではなく、**「bedの目的」＝「睡眠」**になるんです。go to bedは「睡眠に向かう」→「寝る」になったんです。

もしgo to a bedだったら、単に「ベッドのほうに行く」になるんです。

このように、決まり文句は「本来数える名詞なのに、aもsもつかない」→「目的」って考え方で説明がつくんです。

ここがポイント！

**aやsがついたら「具体的なイメージ」。
aもsもつかないときは「不可算名詞扱い」で「量」か「目的」を表す!!**

「aがつく」ことでイメージをハッキリさせる

キング牧師の「夢」がハッキリ浮かぶ?

I still have a dream.

Martin Luther King Jr.

それでもなお、私には夢がある。

マーティン・ルーサー・キング・ジュニア

従来の説明

kindnessは不可算名詞です。でも、たまにaやsがつくときもあります。

英語の核心

普段は「不可算名詞」メインで使われる名詞も、aやsがつけばネイティブの中では「可算名詞」扱いです。その場合はネイティブの中で「具体的なイメージ」が浮かんでいるんです。

➡間違っても「kindnessは絶対に不可算名詞」なんて覚えないでください。英語の名詞というのは「もっと柔軟」なんです。
a kindnessやa dreamという形を見たときの考え方を解説します！

aやsがついていたら「具体的イメージ」を浮かべる

前回は「可算名詞」なのに、aもsもつかないと「不可算名詞扱い（量・目的）」になることを解説しましたが、今回はその逆パターン（「不可算名詞」と言われながら、aをつける場合／もしくは、もともと「可算名詞」ではあるけれども、aをつけることでよりハッキリとイメージを伝える場合）です。たとえばkindness「親切」、「親切な行為」そのものは目に見えません。

あくまで優しい「人間」が見えるだけで、「親切な行為」は目に見えない、というのがネイティブの発想なんです。

kindnessは「目に見えない」ので、「不可算名詞」として使われます。実際に辞書を引けば最初にU（不可算名詞）とのっているはずです。
でも、もしa kindnessになっていれば、**話し手には「具体的なイメージ」が浮かんでいる**わけです。たとえば「あのときのあの親切な行為」と具体的に浮かぶ場面ではa kindnessになります。
「いろいろと親切にしてもらって」と具体的に親切な行為がたくさん浮かべばmany kindnessesになります。

Will you do me a kindness?「**1つ**お願いがあるのですが」

これは会話の決まり文句です。お願いしてる人の頭の中では「1つ具体的な親切な行為」が浮かんでいるので、aがついているんです。
冒頭のキング牧師の言葉には**a dream**が使われています。牧師の頭の中には「具体的な夢」が1つハッキリ浮かんでるってことがわかるんです。

ここがポイント！

普段は「不可算名詞」でも、aやsがあれば「具体的イメージ」が浮かんでいる！

冠詞

6 theの使い方

みんなで指させればtheを使う

Yet the earth does move.

Galileo Galilei

それでも地球は動いている。

ガリレオ・ガリレイ

従来の説明

名詞は、最初に出てきたらaをつけて、２回目にはtheをつけます。
「地球（earth）」や「月（moon）」にはtheをつけるのが決まりです。

英語の核心

theは「共通認識」（みんなで指させるとき）に使います。

➡ボクも中学のとき「２回目にthe」という説明を受けましたが、その後、命令文を習ったときOpen the door.「ドアを開けなさい」で、いきなりtheが出てくることに納得できませんでした。実は「２回目」という考えではなく「みんなで指させればthe」ですべて解決できるんです！

「2回目にtheを使う」なんて忘れてOK

a pineappleは「具体的なパイナップル1個」という意味でしたね。
具体的ではありますが、「どれでもいいから1個」という意味で、特定のものを指すわけじゃありません。
「ズバリこれ！」って特定したいときにはtheを使います。

中学で「最初に出てきたらaをつけて、2回目からはtheをつける」と習いますが、すぐにOpen the door. という命令文が出てきます（いきなりtheが使われてます）。この時点で「最初はa、2回目にthe」ってルールは使えなくなるんです。

ボクが以前に予備校で2500人にとったアンケートで「中学のときの一番の疑問」は「theの使い方」でした。こういうふうに教わるのが原因でしょう。

「共通認識」できればtheを使う!

theの核心は**「共通認識」**です。
あなたと私で「共通に認識できる」ものにtheを使います。

要は、**みんなで「せ〜のっ」って指させればtheを使う**んです。
たとえばネイティブが自己紹介でこう言います。

I have a cat.「ネコを飼っています」

a catなので、まずみなさんの頭の中でネコを「具体的にイメージ」してくださいというメッセージです。次にそのネイティブはこう続けます。

The cat is … .「そのネコは…」

今度はどのネコでもいいってわけじゃありません。（見たことはなくても）**ズバリその人が飼ってるネコ**ですから、theがつくわけです。

この現象だけを持ち出して「最初はaで、２回目にthe」と教えるんです。

では、ほかのtheの例を確認してみましょう。

Open the door, please.「ドアを開けてください」

部屋の中で「ドア開けて」と言えば、どのドアのことかわかりますよね。**共通認識できるので、いきなりtheを使ってOK**なんです。

The sun rises in the east.「太陽は東からのぼる」

太陽には必ずtheがつきます。なぜかというと、「太陽はどれですか？ せ～の……」ってやれば、みんなで太陽を指させるからです。
同じように、月や地球にもtheがつきます（the moon／the earth）。
でも星（star）は、theがつくとは限りません。a starのときもあります。

夜空に星が１つしかなければ共通認識できるのでthe starになります。みんなで指させますよね。

例文にはthe eastもあります。方角にもtheがついてますね。
「東を指さして」と言ったら、みんなで一緒に指させますね。

「東どっち？」なんて人はいるでしょうが、「どの東？」って言う人はいませんよね。方角は共通に認識できるんです。ですからthe eastになります。

楽器にtheがつく理由（わけ）

She plays the piano very well.
「彼女はとても上手にピアノを弾く」

「楽器にはtheがつく」と誰もが習うと思います。これは英語教師の泣きどころで、ボクの知る限りきちんと説明されたものはありません。
以下、ボクの持論ですが、やはり「共通認識」で解決できます。
まず「車」を思い浮かべてください。カラーの映像でリアルに。
色も形もみんなバラバラのはずです。
車（car）は共通認識しにくいので、必ずtheがつくわけじゃないんです。

でも、ピアノ（piano）はみんな同じものが浮かぶはずです。音楽室にあるような黒いグランドピアノですね。楽器は色も形も共通認識できるんです。
だから楽器にはtheがつくんです。

ここがポイント！

**theは「共通認識」、
みんなで指させればtheを使う！**

7 "複数形"と"the＋複数形"の違い

「総称」と「特定集団」

Grown-ups like numbers.

Le Petit Prince Antoine de Saint-Exupéry

オトナは数字が大好きです。

『星の王子さま』サン・テグジュペリ

従来の説明

the United States「アメリカ合衆国」には必ずtheがつきます。
"the＋名字にs" で「○○家の人々」になります。これが決まりです。

英語の核心

"theのつかない複数形" は「総称（〜というものすべて）」になります。
"the＋複数形" は「特定集団」です。

➡この知識1つだけで、「アメリカ合衆国」「○○家の人々」「バンド名」にtheがつく理由がすべてわかります！

"theなし複数形"は「総称用法」

"theのつかない複数形"で「総称（～というものすべて）」になります。「総称」というと難しく聞こえますが、会話ではよく使いますよ。

I love cats.「ネコが好き」　総称「ネコなら何でも好き」

I love the cats.「そのネコなら好き」　「特定のネコたち」を指す

冒頭の『星の王子さま』の文には総称用法が２つもあり（Grown-ups「オトナというものすべて」、numbers「数字というものすべて」）、「総称」を意識して訳すと「オトナってみんな、数字のことばかり考えるよなぁ」になります。

"the＋複数形"は「特定集団」

"the＋複数形"という形は「特定のグループ」を指します。theはもちろん「共通認識」なので、「みんなで特定できる複数形」→「特定集団」になるんです。昔のバンド名は"the＋複数形"が多いです（The BeatlesやTHE CHECKERS）。また、従来の参考書には「"the＋名字にs"で"○○家の人々"になる」とありますが、**家族は同じ名字の「特定集団」**だからです（the Simpsonsで「シンプソン一家」など）。これを知っていれば、the United Statesも「（50の州が集まった）特定集団」だとわかりますね。

ここがポイント！

"theなし複数形"は「総称用法」、
"the＋複数形"は「特定集団」になる！

代名詞の基本

Iが大文字になる理由（わけ）・youを単数にも複数にも使う理由

I think. Therefore, I exist.

René Descartes

我思う。ゆえに我あり。

ルネ・デカルト

従来の説明

“I-my-me-mine” の変化を覚えることが大切です。しっかり覚えましょう。

Iは必ず大文字です。youには「あなた」「あなた方」のように単数・複数の両方の意味があります。

英語の核心

日本語では、「私が」「私の」「私を」というふうに「が・の・を」などをつけ足していきます。英語ではI-my-me-mineのように、単語そのものが変化します。

➡ただやみくもに“I-my-me-mine”を覚えるのではなく、日本語との比較・英語の歴史・文法用語の意味・フランス語の影響という、今までにない大きな視点で代名詞を解説していきます！

脇役みたいな名前なのに大活躍の「代名詞」

「代名詞」とは「名詞の代わりになる詞(ことば)」のことです。

名詞	➡	代名詞
「トム」	➡	「彼」
「鉛筆」	➡	「それ」

このような、「私・あなた・彼・彼女・彼ら・それ」などのことです。
この代名詞、英語の世界では大活躍します。「名詞の代わり」なんて脇役みたいな名前がつけられていますが、かなり重要です。たとえば英語では、自分の母親にもshe「彼女」を使うのは当たり前で、あらゆる場面で使われます。
ほかに代名詞は、I「私」、you「あなた」、he「彼」、it「それ」などです。

“I”はなんでいつも大文字なの?

代名詞の中でも、Iだけはいつも大文字にします。

英語の勉強で「とにかく覚えなさい」と言われる最初のルールですね。

理由はすごく単純で**「目立たせるために“I”を大文字にする」**というだけなんです。何百年も前、Iはもともとicという形で、そこからiという形になりました(発音が楽だったので)。でも、iでは書くときにあまりに地味なので、目立たせるためにIという大文字にしました。

日本語は、場の空気を読んで(相手に応じて)「私・僕・俺」と使い分けますよね。自分をその場に適応させる発想です。
でも**英語では「自分は自分で変わらない」という発想**で、いつもIなんです。

代名詞の4変化

日本語の場合、「彼」は「彼」のままです。
「彼が」「彼の」「彼を」というふうに「が・の・を」などをつけ足していきますよね。

でも英語では「が」とかをくっつけるのではなく、**単語そのものを変化させる**んです。たとえばIなら、"I-my-me-mine" って4変化します。

代名詞の人称変化

人称	数	意味	主格	所有格	目的格	所有代名詞
1	単数	私	I	my	me	mine
	複数	私たち	we	our	us	ours
2	単数	あなた	you	your	you	yours
	複数	あなたたち				
3	単数	彼	he	his	him	his
		彼女	she	her	her	hers
		それ	it	its	it	なし
	複数	彼ら・彼女ら・それら	they	their	them	theirs

「主格-所有格-目的格-所有代名詞」という用語が出てきたので説明します。

「〜が・〜は」のように主語になるものを「主格」といいます。
「英語は主語で始める」わけですから、I・You・Heのように主格で文を始めるのです。

◎）He is kind.「彼は親切だ」

×）Him is kind.

himは「目的格」なので主語になれない

「～の」と所有者を表すものを「所有格（しょゆうかく）」といいます。
名詞の前に置けばOKです。

◎）your book「君の本」
×）you book

youは「主格・目的格」

「～を・～に」のように動作の対象（例：彼は彼女を好きだ）になるものを「目的格（もくてきかく）」といいます。動詞の後ろには目的格がきます。

◎）He loves her.「彼は彼女を好きだ」
×）He loves she.

sheは「主格」

最後に「～のもの」を表すものを「所有代名詞（しょゆうだいめいし）」といいます。

◎）This is mine.「これは私の（もの）です」
×）This is my.

myは「所有格」なので、直後に「名詞」が必要

なんでyouは単数も複数も同じ形なの？

最後に余談ですが、youのナゾを解決しましょう。

youだけは単数（あなた）も複数（あなたたち）も同じ形です。

ボクは中学のとき「youはもともと単数だけど、複数にも使える」と教わりました。みなさんもそうだと思います。でもこの説明、完全に逆なんです。

youという単語はもともとは「複数形（あなたたち）」でした。
ところが13世紀ごろ「目上の人に複数形を使うほうが丁寧」だと考えられました。「あなた」では、目の前の相手を直接指しちゃいます。
複数形にすることで、直接の感じがボヤけて丁寧になるんです。

複数に使っていたyouを、単数のときにも使い出したんです。

これはフランス語の影響で、フランス語では「複数（あなたたち）」はvous（ヴ）で、「単数（あなた）」を丁寧に言うときにもvousを使うんです。イギリスは1066年に、フランス語を話すノルマン人に征服されました。そのとき大量のフランス語が入ってきたんです。

ちなみに、日本語にも似たような発想があります。
「人を直接指す」のではなく、「場所」を指してボカすことで丁寧になるんです。「あなた」→「そちら・お宅」という言い方は、相手の方・家族を漠然と指すことで丁寧な響きになる言い方なんです。

ここがポイント！

地味な名前の「代名詞」は英語では大活躍！
格変化の4変化は必ずマスターしよう!!

代名詞

9 youの意外な使い方

日本人の99%が知らない「超重要なyouの使い方」！

**If you run after two hares,
you will catch neither.**

proverb

二兎を追う者は一兎をも得ず。

ことわざ

従来の説明

youは「あなた・あなたたち」という意味です。

英語の核心

youには「あなた・あなたたち」という意味以外に「みんな」という超重要な意味があります。

➡なぜか絶対に教えてもらえないのですが、youには「みんな」という意味があって、試験・論文・広告・日常会話・ことわざ……あらゆる場面で使われるんです！

youには「あなたも私も」という意味がある!

youという単語には、学校では教わらない、超重要な意味があるんです。
実はyouには、「あなた・あなたたち」以外に**「あなたも私もみんな」という意味がある**んです!

その証拠に、辞書でyouを引くと、ちゃんと「総称」という見出しでのっているはずです。

「総称のyou」はいろんな場面で使われます。
たとえば、**You can't buy friendship.** という英文を見たとき、ほとんどの日本人は「あなたは友情を買うことはできない」と訳しちゃうんです。

でもホントはこれ、「あなた」って訳しちゃダメなんです。
「あなたは買えない」と訳すと、つまり「あなた以外の人なら買える」みたいに聞こえちゃいます。

正しい訳し方は「あなたも私もみんな買えない」ですから、実はこのyouは「総称のyou」なんです。
「(誰であれみんな)友情はお金で買えない」という意味です。

余談ですが、翻訳された外国人作家の自己啓発書には、やたら「あなたが手にする……」「あなたの中で……」って「あなた」を連呼する本がたくさんあります。これは、原文の「総称のyou」を、翻訳者が「あなた」と訳してしまうのが原因なんです。

いろんな場面で登場する「総称のyou」

この「みんな」という意味のyouはあらゆる場面で使われます。
受験の難しい英文や広告のキャッチコピーでも見かけます。

冒頭の**If you run after two hares, you will catch neither.**「二兎を追う者は一兎をも得ず」は有名なことわざです。

この「二兎を追う……」は誰にでもあてはまることですから、「総称のyou」と考えないといけないんです！

このように「総称のyou」を頭に入れておけば、いろんな場面で「あ、これは総称のyouだ！」って気づくはずです。

その都度「こうやって使うんだ」って、ネイティブの使い方を自分の中に蓄積していくと、英語の感覚が研ぎ澄まされていきますよ。

ここがポイント！

youには「あなたも私もみんな」という
「総称」の意味がある！

代名詞

10 itの特別用法

なぜ「天気と時間」の主語にitを使うの?

Just then the clock began to strike.
It was twelve o'clock.

Cinderella

ちょうどそのとき時計の鐘が鳴り出しました。
12時を告げる鐘でした。

『シンデレラ』

従来の説明

「天気・時間」を表すときは、主語にitを使います。これは「天候のit・時間のit」と呼ばれ、訳しません。

英語の核心

英語には必ず「主語が必要」なので、「天気・時間」には、意味もなくitが置かれます。意味はないので訳す必要はありません。

➡英語が得意な人から聞かれる「素朴な疑問No.1」がこの「天気・時間のit」です。it本来の性質から解説します!

itの基本用法

itは「それ」という意味で「その場にいる人が何を指すかわかっているもの」に使われます。

I have a dog. It is cute.
「私は犬を飼っています。**その犬**はとてもかわいいです」

この基本用法は特に難しくありませんね。

itの特別用法

itには基本用法のほかに、従来「itの特別用法」といって、「それ」と訳さない使い方があります。
「天気と時間（時刻・曜日・日付）」を言うときには主語にitを置くのが決まりです。

It is rainy.　「雨が降っています」
It is seven o'clock.　「7時です」
It is Monday.　「月曜日です」
It is June 7.　「6月7日です」

英語は「主語が必要」なので、「天気・時間」のときに、意味もなくitが置かれます。意味はないので訳す必要はありません。

なんで天気と時間にitを使うの?

このitの特別用法については、従来、完全丸暗記でした。
確かに「天気・時間はitで始める」と覚えちゃえば困ることはありません。
ただ、このitについて説明されることも一切なかったはずなので、ここで説明します（先を急ぐ方や、「なんかメンドーだな」と思ったら、ここは飛ばして

OKです）。

最初に説明したように、it本来の意味は「それ」で「その場にいる人が何を指すかわかっているもの」に使われるんでしたよね。

「天気・時間」を話すとき、自分も相手も当然その場に居合わせて、同じ空の下、同じ天気を共有、同じ時間を共有しているわけです。
「その場にいる人がどの天気・時間を指すかわかっている」ので、「天気・時間」にはitを使うようになった、これだけなんです。

ここがポイント！

「天気・時間」の主語にはitを使う。

Part 2

前置詞

前置詞がわかると
英語の世界がvividに変わる！

Part 2 の全体像

前置詞【ぜんちし】

「名詞の前に置く詞（ことば）」のこと。
軽い名前がつけられているが、これまた超重要分野。
英語教育の世界では、軽いネーミングで、しかもスペルが短いものほど、実は重要という困った性質がある。おまけに、onは「上」という断片的な意味だけを教えられたり、forは本来「～に向かって」なのに、「～のために」という意味から教えられるなど、誤解が横行しまくっている分野。それだけに、きちんと勉強すれば英語のセンスが見違えるほどよくなるオイシー分野である。

「前置詞」のポイント

1 基本前置詞9個の「核心イメージ」をキッチリつかむ

◆やっかいなのは、一見ラクそうに見える基本前置詞9個です。afterやalongなどの「その他の前置詞」は出てくるたびに辞書で確認すれば大丈夫です。

前置詞は核心イメージでとらえる

日本人が前置詞を苦手とする理由(わけ)

At that moment the prince fell in love.

Cinderella

その瞬間、王子さまは恋に落ちました。

『シンデレラ』

従来の説明

前置詞は「訳し方」を覚えましょう。たとえばatは「～で」という意味です。

英語の核心

前置詞は「核心となるイメージ」から考えてください。

➡atは「で」、toは「に」のように日本語訳で覚えると、前置詞は絶対にできるようにはなりません。たとえば「冷蔵庫にプリンがある」「机にプリンがある」「テーブルにつく」を英語にすると、すべて前置詞が違うんです。今回はまず「なぜ前置詞が難しいと思われるのか？」から解説していきます！

なぜ日本人は前置詞が苦手なの?

苦手な人が多い「前置詞」、その原因は「訳だけで考えるから」です。
たとえばtoは「に」と訳す、なんて思ってると、絶対壁にぶつかります。
その理由は以下のとおりです。

【なぜ日本人は前置詞が苦手なのか?】
①日本語の「に」は、いろんな場面で使われるから
②日本語は「空気を読む」、英語は「ハッキリ伝える」という違いがあるから

以下の例を見てください。

「冷蔵庫にプリンがある」 in the refrigerator inは「包囲」
「机にプリンがある」 on the desk onは「接触」
「テーブルにつく」 sit at the table atは「一点」

日本語は全部「に」ですが、toは1つも出てきません。
日本語「に」は、いろんな場面で使われるんです。
これで「訳だけで考えてはいけない」ことがわかると思います。

もう1つ、日本語の「空気を読む」という特徴も、英語ではジャマになります。日本語の場合、いちいちハッキリ言わなくても相手が空気を読んでくれるので、適当に「に」だけで通じちゃうんです。
たとえば「冷蔵庫にプリンあるよ」と言われて、「え、冷蔵庫の中? 上? どっち?」なんて言うと、「空気読めねぇな」とか言われちゃうんです。
もし「机にプリンがあるよ」と言われたら「机の上に」って空気を読むのが日本人です。
もしかしたら「机の中」かもしれませんが、「机に」だけで通じちゃうの

が日本語なんです。それは相手が空気を読んでくれるからです。

でも**英語の世界では「ハッキリ伝える」のがマナー**です。
「机の上」ならon the desk、「机の中」ならin the deskと、前置詞を使い分けます。

冒頭の『シンデレラ』の例文を見てみましょう。

At that moment the prince fell in love.

at that momentは「その瞬間に」という意味です。
また、fall in loveは「恋に落ちる」です（fallの過去形がfell）。
ここで注目してほしいのは、at that moment「その瞬間に」も、fall in love「恋に落ちる」も、日本語では「に」なんです。逆に言えば「日本語で『に』だから、英語では……」なんて、考えちゃいけないってことです。

前置詞で大事なのは「核心となるイメージ」です。
atの核心イメージは「一点」です。
「その瞬間」という「時の一点に」って感覚でatが使われているんです。
また、inの核心イメージは「包囲」です。
「恋心にすっぽり包まれて」という感覚でinを使います。
日本語訳で考えるのではなく、英語本来のイメージをくわしく解説していきます。

ここがポイント！

前置詞を「日本語から」考えちゃダメ！
「核心イメージ」で考える！！

前置詞

12 atは一点を表す

なぜ「夜に」はat nightなの?

The fox jumped again and again and again at the grapes.

The Fox and the Grapes Aesop

キツネは何度も何度も何度もブドウに向かってジャンプしました。

『狐と葡萄』 イソップ

従来の説明

atは「～で」と訳します。

英語の核心

atの核心イメージは「一点」です。

➡「一点」というイメージがあれば、look at ～／laugh at ～／smile at ～ などの決まり文句はもちろん、aim at ～「～を狙う」だって丸暗記ナシで理解できます！

atは「一点」

atの核心イメージは「一点（～という一点で）」です。

at Tokyo「東京で」

 場所の一点

at nine「９時に」

 時刻の一点／時計の針が一点をビシッと指すイメージ

核心の「一点」から、さらに「めがける一点」になります。

look at the boy「その少年を見る」

boyめがけて視線を向ける

laugh at the boy「その少年を笑う」

boyめがけて笑いを投げかける

smile at the boy「その少年にほほ笑みかける」

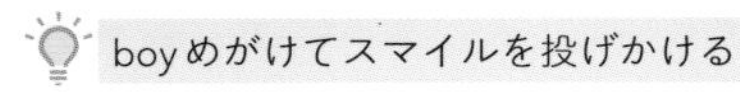
boyめがけてスマイルを投げかける

こうやって理解していけば、今後難しい決まり文句を覚えるときにも役立ちます。たとえば、aim（　　　）～ という問題が早稲田大学の入試で出たことがありましたが、「一点めがけて狙いをつけるat」を知っていれば、aim at ～「～を狙う」って決まり文句を丸暗記する必要はなくなりますよ。

では、冒頭の例文を確認してみましょう。

The fox jumped (again and again and again) at the grapes.

jump at ～ は「～に向かってジャンプする」という意味です（その間にagain and again and againが割り込んでいるだけです）。
「ブドウという一点めがけて飛びつく」というイメージです。

なぜ「夜に」はat nightなの？

Bats fly at night.「コウモリは夜に飛ぶ」

at nightで「夜に」という決まり文句といわれますが、これにもきちんとした理由があります。
atがあるということは、ネイティブはnightを「一点」として扱ってるんです。
当然、日本人の感覚からしたら「夜は長いわけで、一点はおかしくない？」って疑問が出ますが、これを今まで「暗記しましょう」で済ませてきたんです。

では、説明しましょう。

「夜」を表す単語にはnightとeveningがありますが、eveningは「夕暮れ～寝るまでの夜」です。一方、nightは「日没～夜明けまでの夜、特に寝てからの夜」で、かなり**「暗いイメージ」の単語**なんです。

あいさつでも、Good evening.「こんばんは」には「これから行動を起こす」イメージがありますが、Good night.「おやすみなさい」は「もう寝るだけ」です。

nightは「寝ている間」→「行動しない時間」なので、**「何もできない止まった時間」**なんです。そこから「幅を持たない一点」とネイティブは考えて、at nightが使われるようになったんです。

ここがポイント！

atの核心イメージは「一点」。

前置詞

13 forは方向性を表す

電車で「東京行」が“For Tokyo”になる理由

The prince searched for Cinderella.

Cinderella

王子さまはシンデレラを必死に探しました。

『シンデレラ』

従来の説明

forは「～を求めて・～のために」と訳します。

英語の核心

forの核心イメージは「方向性」です。

➡確かに「～を求めて・～のために」という意味もありますが、もともとは「～に向かって」なんです。これを知ってると、電車の表示・車内アナウンスなど身のまわりの英語でも役立ちますよ！

for は「方向性」

forといえば、「〜のために」ばかり教わりますが、**forの核心イメージは「方向性（〜に向かって）」**なんです。
その証拠に、電車に乗るとき「行き先の表示」を見てください。
「○○行」の下に英語で“For ○○”って書いてあるはずです。

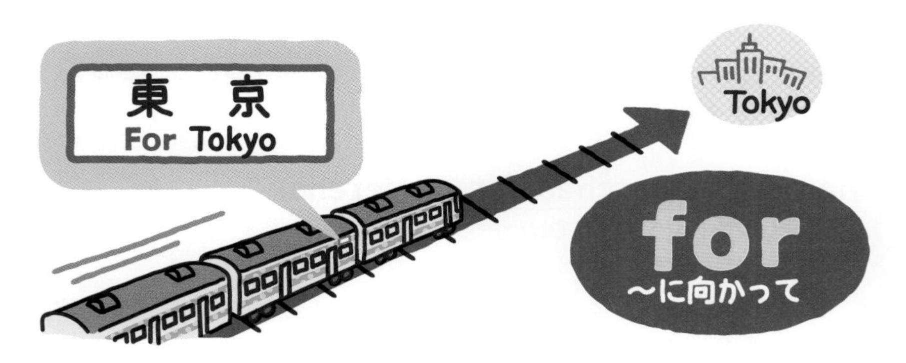

ちなみに、新幹線の車内アナウンスでは以下の文が流れます。

Ladies and gentlemen. Welcome to the Shinkansen. This is the Nozomi superexpress bound for Hakata.
「今日も新幹線をご利用くださいまして、ありがとうございます。この電車は、のぞみ号・博多行きです」

bound for 〜 は「〜行き」という意味です。

boundは大学受験でも上級レベルの単語なので、今は流して大丈夫です。以下参考までに。boundは、もともとbind「縛る」です（「バインダー」とは「ルーズリーフを縛りつけるもの」って意味）。bindの過去分詞がboundで、bound for 〜の直訳は「〜へ向けて縛りつけられている」→「〜行き」になりました。

次に、「〜に向かって」から、「気持ちが〜に向かって」→「〜を求めて・〜のために」という意味が生まれました。

中学で最初に習うのがこの意味ですね。

look for my purse「財布を探す」

look for ～ は決まり文句と言われますが、「財布を求めて（for）、キョロキョロ見る（look）」→「～を探す」になっただけなんです。

look for ～ と同じ意味で、**search for** ～ という言い方があります。
両方とも「～を探す」という意味で十分なんですが、あえて細かい違いを言うと、lookは「キョロキョロ見て探す」感じで、searchは「サーチ」って響きでもわかるでしょうが「入念に探す・捜索する」って感じで、少し「本気感」が出ます。

The prince searched for Cinderella.
「王子さまはシンデレラを探しました」

冒頭の『シンデレラ』では、search for ～ が使われていることで、王子さまの本気さが伝わってくるわけです。「探した」だけでもOKですが、冒頭の訳では、本気さを示すために「必死に」という言葉を入れてみました。

ここがポイント！

forの核心イメージは「方向性」。

前置詞

14 fromは起点、toは方向・到達を表す

起点から「分離」の意味が生まれる

Eve took the forbidden fruit from the tree and she ate it.

the Old Testament

イブはその木から禁断の果実を手にし、ついには口にしてしまったのです。

『旧約聖書』

従来の説明

fromは「～から」、toは「～へ」と訳します。

英語の核心

fromの核心イメージは「起点」で、そこから「分離」の意味になります。
toは「方向・到達」です。

➡こうやって理解すれば、「なぜbe absent from ～（～を欠席する）という決まり文句にfromが使われるのか？」や、「It is five minutes to seven now. は何時何分か？」が一瞬でわかります！

from は「起点」

fromの核心イメージは「起点（～から）」です。

come from the office「オフィスから来る」

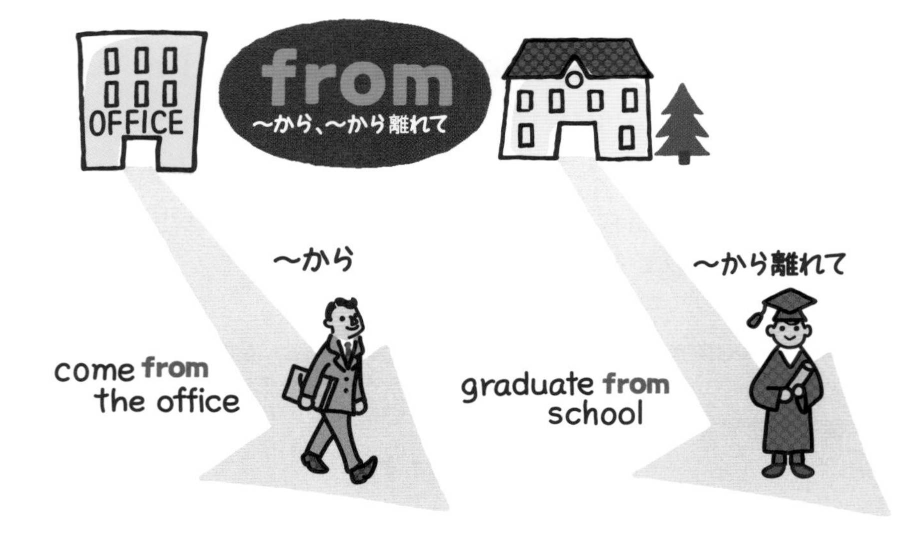

次はfromの応用です。
「～から」という意味から、**「分離（～から離れて）」**が生まれました。

She is absent from school.「彼女は学校を休んでいる」

be absent from ～「～を欠席する」という決まり文句ですが、absent「欠席している」とfrom「分離」の相性がいいんです。

さらに、高校レベルでgraduate from ～「～を卒業する」という決まり文句が出てきても「卒業は学校から離れる」と考えれば、fromがくるのが自然と理解できますよね。fromの解説は以上です。

to は「方向・到達」

fromの相方がtoです。

toの核心イメージは「方向（〜へ向かう）・到達（〜に着く）」です。

fromは「起点（スタート地点）」ですが、toは「方向・到達（ゴール地点）」です。

go to the station「駅に行く」

go to the stationは「駅に行く」と訳せばOKですが、toは「到達」まで含意するので「駅に向かい、行きつく」という意味なんです。

かなり細かい話なので、サラッと流してかまいませんが……。at（一点めがけて）やfor（方向性）との違いは、toには「きっちり最後まで到達する」ことが含まれるということです。atは「一点めがけて向かう」、forは「そっちのほうへ向かう」だけで、到達までは含意されません。

もう1つ確認してみましょう。

from Monday to Friday「月曜から金曜まで」

to 〜 で「そっちへ向かって、行きつく」という「ゴール」の感じが出てますね。中学英語の範囲ではtoはこんなもんです。カンタンですね。

toを「⇒」に置き換えて考える

少し難しい英文も見てみましょう。間違えやすい英文です。

問：何時何分？
It is five minutes to seven now.

「7時5分」か「6時55分」、どっちでしょうか？

toは「方向・到達」でしたね。「矢印（⇒）」に置き換えてみましょう。

It is [five minutes] to [seven] now.
5分 ⇒ 7時

「7時に向かって5分」ってことは……

「7時5分前」って意味なんです！　つまり「6時55分」が正解です。

これ、「7時5分」ってミスがメチャクチャ多いんです。もちろん “It's [分] to [時間].” なんて公式を暗記する必要もないですよね。

ここがポイント！

fromの核心イメージは「起点」、
toは「方向・到達」！
“from [スタート] to [ゴール]” ってイメージで！

onは接触、ofは分離と所有、inは包囲

ネイティブの感覚がわからないと誤訳する前置詞

On Cinderella's feet there was a new pair of shoes. They were made of glass, so Cinderella looked like she was floating above the ground in her butterfly dress.

Cinderella

シンデレラの足には真新しいクツ。ガラスのクツなので、蝶のドレスを着たシンデレラはまるで地面から浮いているように見えました。

『シンデレラ』

従来の説明

onは「～の上」、ofは「～の」、inは「～の中」と訳します。

英語の核心

onは「接触」、ofは「分離」「所有」、inは「包囲」です。

➡onとofは、多くの日本人が誤解しています。『シンデレラ』のOn Cinderella's feetが「シンデレラの足の上に（クツがあった）」では意味不明ですよね。ネイティブの感覚を解明していきます！

onは「接触」

onの核心イメージは「接触（～にくっついて）」です。
間違いなく「上」と習いますが、絶対にダメです。「接触」です。

必ずしも「上」じゃなくても「くっついて」いればonなんです。重力があるから、接触するときは「上」になることが多いだけです。

an apple on the table 「テーブルの上にあるリンゴ」
a picture on the wall 「壁にかかっている絵」
a spider on the ceiling 「天井にいるクモ」

上下左右どこでもくっついてればonになるんです。

冒頭の『シンデレラ』の英文には、多くの日本人には理解できないonの使い方がされています。

On Cinderella's feet there was a new pair of shoes.

ほとんどの人は、On Cinderella's feetを「シンデレラの足の上に（新しいクツがある）」と意味不明な訳しかできないんです。

さすがに「足の上にクツ」では意味不明なので、「まあ、クツ履いてるってことだろ」と適当に訳しちゃうんですが、それではネイティブのonの感覚は理解できるようになりません。

みなさんはもう大丈夫ですよね。なんてことはありません。
onは「接触」ですから、「シンデレラの足に接触して（新しいクツがある）」→「シンデレラの足には（新しいクツがある）」と考えれば完璧です！

このonをきちんと理解できるのは、かなりの上級者だけだと思います。

「動作の接触」「心の接触」もon

「接触のon」から、さらに２つの意味が生まれます。
「動作の接触（～中）」と「心の接触（～に頼って）」の２つです。

on sale「販売中」

「販売という動作に接触している」→「販売中」って意味になります。
CMでNow on sale! と言ってますよね。

on air「放送中」

「空中に電波を飛ばす作業の最中」→「放送中」です。これも見覚えがあると思います。

次は「心の接触（〜に頼って）」です。

これは高校レベルなんですが、onは「上」なんて変なクセがつく前に一度確認しておくと、今後の勉強がラクになりますので、少しだけチェックしておきましょう。

He is dependent on his parents.「彼は親に甘えている」

is dependent on 〜 は「〜に依存している」です。
「心がベッタリ接触」→「頼っている」という意味になりました。
dependent「依存している」はonと相性がいいわけです。
「依存のon」はいろんな場面で使われます。

on foot「徒歩で」
on the Internet「インターネットで」

本来、on footは「足に依存して」、on the Internetは「インターネットという手段に依存して」という意味でonが使われるんです。

onは「上」って訳し方から解放されて、「接触・依存」を知ると、いろんな疑問が氷解しますよ。

曜日にonを使う理由(わけ)

onの解説の締めくくりに、今まで説明されたことのない質問にお答えします。
「なんで曜日にはonを使うの？」という質問です。

中学校で「曜日の前はon」と習います。

on Sunday「日曜日に」

実はこれ「依存のon」なんです。
キリスト教の人たちは「曜日に依存して」行動します。

たとえば「日曜日だから礼拝に行く」のように、曜日に基づいて行動していますね。そこで「依存のon」が使われるんです。

今や日本人も曜日に基づいて行動していますが、本来、農耕民族は曜日をベースにするわけがないんです（収穫の時期に「日曜は休み」なんてありえないですよね）。「曜日に依存して行動」は英米人の発想です。

ついでに、**「曜日」＝「日付」**ですから、**on Monday = on June 5** のように、日付にもonを使います。

【時間・日付のまとめ】

時刻：at 8	「８時に」	◆「一点」のat
曜日：on Saturday	「土曜日に」	◆ 実は「依存」のon
日付：on July 4	「７月４日に」	◆「曜日」＝「日付」と考える
月：in August	「８月に」	◆「１カ月」は長いので「幅・空間」のin

これでonの解説はおしまいです。

ofは「分離」と「所有」

次は、前置詞の中で一番難しいofについて解説していきます。
ofだけは、核心イメージが２つあります。
ofには、**「分離（～から離れて）」と「所有（～を所有して）」**という真逆のイメージがあるんです。

従来、ofは「所有（～の）」しか習いません。中学英語だけならこれでも困りませんが、高校レベルで必ず壁にぶつかります。ボクは普段高校生以上の方を教えているので断言できますが、ofを「～の」と思い込んでいると、英語ができなくなります。ですから、しばらく「分離のof」は出てきませんが、ぜひここで頭に入れておいてください。

本来、ofは**「分離（～から離れて）」という意味**でした。

He is independent of his parents.「彼は親から自立している」

is independent of ～「～から自立・独立している」という決まり文句ですが、independent「自立・独立」とは「何かから離れる」ことですから、「分離のof」と相性がいいわけです。

さっきonのところでやったのは、He is dependent on his parents.「彼は親に甘えている」でしたね。dependent「依存している」は、「心の接触のon」でした。

こうやって前置詞の意味を考えていけば丸暗記する必要はないんです。

「所有」のof

この「分離のof」から何百年もの時間をかけて、**「所有（～を所有して）」**の意味が生まれました。

「分離（～から離れて）」から「所属（～から離れてやってきたが、もともとはそこの所属）」という意味になり、さらに「所有」の意味になったんです（「所属」とは、ある母体に「所有」されるということですよね）。

of

分離
〜から離れて

所有
〜を所有して

A of Bで「Bが所有するA」→「BのA」「Bの中のA」になります。

現代英語では「所有のof」がメインなので、この意味は必ず教わりますね。

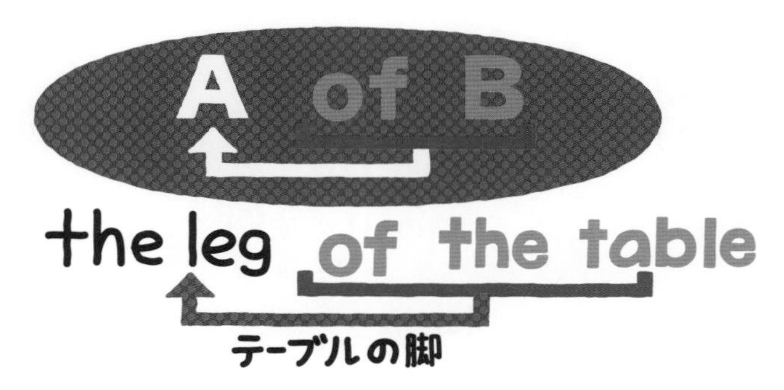

the leg <u>of</u> the table「テーブルの脚」

「材料」「頭の中で所有」のof

今後のために、ofのいろいろな意味を少しチェックしておきましょう。
「分離のof」が発展すると**「材料（〜から）」**になります。
「所有のof」が発展すると**「頭の中で所有（〜について）」**になります。

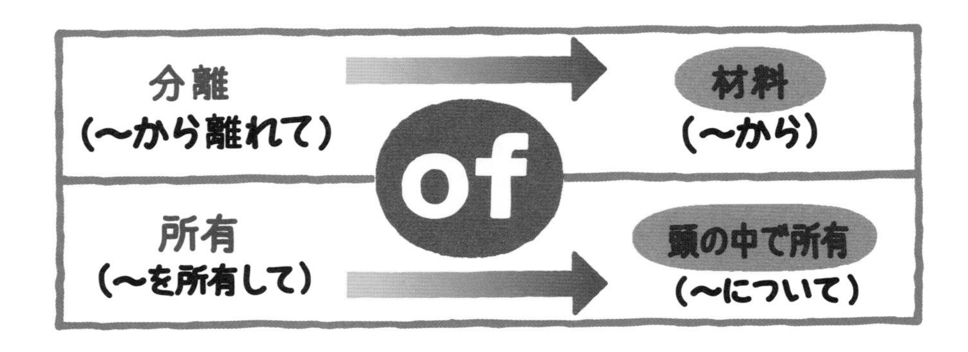

「材料（〜から）」の意味をチェックしてみましょう。

His jacket is made of leather.「彼のジャケットは革製です」

is made of 〜 は「〜で作られている」です。
「革から作られた」という意味です。

冒頭の『シンデレラ』には、「材料のof」が使われています。

They were made of glass,

Theyは、直前にあるa new pair of shoes「新しいクツ」を指します。
were made of glassで「ガラスを材料に作られた」という意味です。

次は、ofの応用の２つめ、「頭の中で所有（〜について）」をチェックしましょう。
「〜を頭の中で所有」→「〜が頭の中にある」→「〜について」という意味が生まれました。

think of the girl「その女の子のことを考える」

think of 〜 で「〜について考える」という決まり文句です。

これでofの解説は終わりです。

ofが難しい理由は、核心イメージが２つある（しかも真逆）のに、「～の」しか教わらず、後は「決まり文句だから覚えよう」で済まされちゃうからだったんです。
みなさんは今後、ofを見たら、２つの核心イメージから攻めてください。

inは「包囲」

最後はinです。
inの核心イメージは「包囲（～の中に）」です。これはカンタンですね。

in Tokyo「東京で」

atのところでは、at Tokyo「東京で」という言い方が出てきました。
結論から言うと、at Tokyo／in Tokyo、どっちもアリなんです。

atとinの区別は、話し手がどう考えているかによって決まります。

atは「一点」ですから、東京を一点と考えれば**at Tokyo**になります。
inは「包囲」ですから、東京の街並みが浮かんで、街の中に包まれているような場面では**in Tokyo**になります。

「包まれる」ときもinを使う

次はinの応用です。
inからは、「服の中に包まれて」→「～を着て」という意味が生まれます。

the woman in a fur coat「毛皮のコートを着た女性」

『シンデレラ』では、in her butterfly dress「蝶のドレスに身を包んで」という表現がありますね。

さらに、「雰囲気の中に包まれて」→「～の状態」という意味も生まれます。たとえば、電車の中でイチャついてるカップルがいたら、そこだけ変な空気に包まれていますよね。
もしくは、恋してボーッとしてる人も「恋の空気に包まれちゃってる」わけです。この「ラブラブ状態」が、**in love**「恋をしている」なんです。

ここがポイント！

onは「接触」、ofは「分離」と「所有」、inは「包囲」！

前置詞

16 withは付帯と相手、byは近接を表す

withは本来"vs."の意味！

Peter still did not understand that Tinker Bell was in love with him.

Peter Pan James Matthew Barrie

ピーターはまだ気づいていなかったが、ティンカー・ベルはピーターを好きになっていた。

『ピーター・パン』 バリー

従来の説明

withは「一緒に」、byは「～によって」と訳します。

英語の核心

withには「付帯」のほかに、まったく逆の「相手」という"vs."の意味があります。
byの核心イメージは「近接」です。

➡多くの日本人は、上の『ピーター・パン』の英文Tinker Bell was in love with himを「両思い」だと勘違いしちゃいます。これをティンカー・ベルの「片思い」だと見抜けるようなら相当の上級者です！

withは「付帯」

withの核心イメージは「付帯（一緒に・～を持って）」です。
A with Bは“A（メイン）with B（オマケ）”というイメージを持ってください。

tea with lemon「レモンティー」

あくまでメインはteaですよね。オマケでlemonがくっついてる感じです。

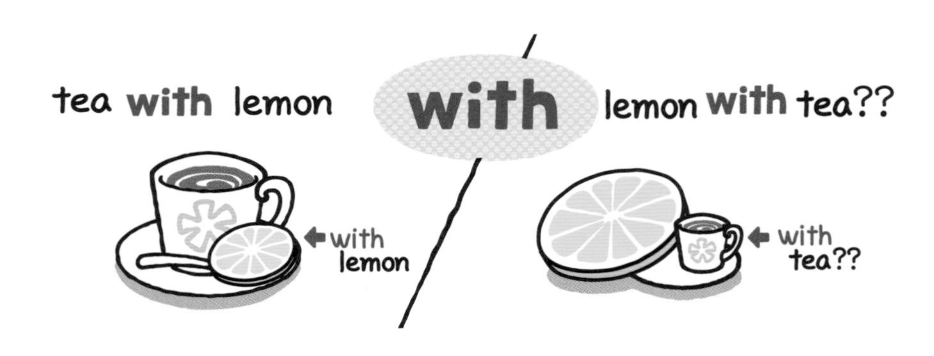

go out with my dog「犬と出かける」

これは有名な「一緒に」という意味です。
さらにwithには、**「～と一緒に」→「～を持って・使って」という「道具」の意味が生まれました。**

write with a pen「ペンで書く」

「ペンを手に持って」→「ペンを使って」という意味です。
ここまでがwithの基本になります。

with は昔“vs.”の意味だった

中学英語では、「withは付帯」と覚えていれば困ることはありません。
でもそのままでは、将来絶対に壁にぶつかります。

実は、**withは本来「相手（～を相手に）」という、たとえるなら“vs.”の意味だった**んです。

もともとA with Bは“A vs. B”という「ライバル」のような存在だったんですが、それが時間をかけて「AとBはワンセット」→「一緒に」になっちゃったんです。

一度、アメリカ人教師に説明したら知りませんでした。ネイティブにも知らない人が多いようですが、上級者用の辞書（たとえば『ジーニアス英和大辞典』大修館書店）では最初に「対立」の意味がのっているんです。高校生がよく使う『ジーニアス英和辞典』（第5版）では、最初は「一緒に」になっています。

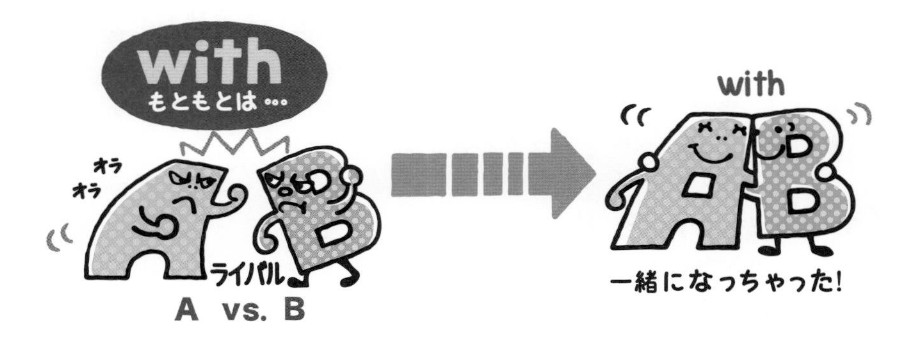

She is angry with him.「彼女は彼に怒っている」

直訳は「彼を相手に怒っている」で、彼女は怒り狂っていても、彼はのほほんとしてるかもしれません。言ってみれば「怒りは一方通行」なわけです。

この英文、日本人はほとんど間違えます。確かに「彼と一緒になって怒ってる」という解釈もできるんですが、ボクの経験上99％「相手に」の意味で使われます。

冒頭の『ピーター・パン』に、この「相手のwith」が使われています。

Peter still did not understand that Tinker Bell was in love with him.

Tinker Bell was in love with himのところで、「相手のwith」を知らない日本人の大半は「ティンカー・ベルとピーターが両思い」だと思っちゃうんですが、絶対に間違いです。

この英文の前半がPeter still did not understand「ピーターはまだ気づいていなかった」とあるわけですから、「両思いだとわかっていない」はおかしいですよね。これは「相手のwith」で、**「一方通行（片思い）」と考えないといけない**んです。

ちなみにin loveは82ページでも出てきましたね。

さらに、この**「～を相手に」から「～について」という意味が生まれました。**
この知識は、今後決まり文句を覚えるときにも大活躍してくれます。
少し難しいですが、一例をのせておきます。

I'm pleased with the result.
「その結果について満足している」
There is something wrong with this camera.
「このカメラは調子がおかしい」

直訳は「カメラについて何かおかしいところがある」です。
withの解説は以上です。

byは「近接」

前置詞の最後は、やはり多くの日本人が完全に誤解しているbyです。

byの核心イメージは「近接（近くに）」です。
「by＝～によって」の印象が強すぎるんですが、これからは**byを見たらまずは「近くに」を考える**ようにしてください。

stand by the window「窓のそばに立つ」

ちなみに、stand by ～ には「**～のそばに立つ**」という意味のほかにも、「**待機する**」や「**味方する**」という意味もあるんです。

日本語にもなっている「スタンバイする」はstand byだったんです。
「舞台の近くに立つ」→「待機する」になりました。
また、「味方する」も「（心理的に）近くに立つ」→「味方する」になったんです。

手段のby

誰もが知っているbyの「～によって」という意味は、実はこの「近くに」から生まれたんです。

America was discovered by Columbus.
「アメリカはコロンブスによって発見された」

America was discovered「アメリカが発見された」のは、by Columbus「コロンブスの近くで」だったわけです。
そこから「コロンブスによって」という意味が生まれたんです。

> was discoveredで「発見された」という意味で「受動態」と言いますが、今はbyの意味だけに集中してください。みなさんは（もちろんボクも）中学で「～によって」を先に習ったので、ホントは「近く」→「～によって」になったと聞くと、なんだかあっさりしすぎて拍子抜けするかもしれません。でもちゃんと英語の理屈を考えていけば、これぐらいシンプルなことはたくさんあるんです。

この「～によって」という意味が、**「手段（～によって）」**の意味にも使われるようになりました。

go by car 「車で行く」
contact him by e-mail「彼にメールで連絡をとる」

ここがポイント！

withは「付帯」と「相手」、byは「近接」！

Part 3

動　詞

動詞は英文の核を作る

Part 3の全体像

be動詞【びいどうし】

「動詞」とは「動作を表す詞（ことば）」のことで、be動詞と一般動詞の２つに分かれる。もともとの形がbeだという理由で「be動詞」という名前になったが、be動詞は全部で６個（be／am・are・is／was・were）ある。
be動詞は、文法の世界で「セレブ」で別格扱い。常にこれを中心に文が組み立てられるので、be動詞を見たら必ず注目してほしいところ（くわしくは「否定文・疑問文」のところで解説）。

一般動詞【いっぱんどうし】

セレブなbe動詞に対して、「一般」とか屈辱的なネーミングをされているが、数が膨大なので、こっちのほうが苦労させられる。「来る（come)」「食べる（eat)」「眠る（sleep)」……やはり動詞が言えないと絶対にコミュニケーションできないので、「名詞」と並んで超重要品詞。

「動詞」のポイント

❶

英語は
「主語+動詞」
で始める

❷

be動詞は主語に応じて変化する。
一般動詞は
動詞にsがつく場合に注意
（いわゆる3単現のs）

❸

否定文・疑問文は、
be動詞のときは「be動詞中心」に、
一般動詞のときは「do・doesの力を借りる」

be動詞の基本

主語によって動詞が変化する

I am the slave of the holder of the lamp!

Aladdin

ランプのご主人さま、お望みを何なりと！

『アラジン』

従来の説明

be動詞はIのときはam、Youのときはare、He・She・It・Thisのときは３人称なのでis、Theyのような３人称複数ならareになります。

be動詞は「I→am、You→are」です。
残りは全部「単数→is、複数→are」でOK。

➡「３人称」を特別扱いするのではなく、「内輪（IとYou）」を特別扱いすればすごくカンタンです。さらに「動詞が変化しない日本語・変化しまくる英語」という、今までにない大きな視点から両言語を見ていきます！

be動詞と一般動詞

英語の「動詞」は２種類あります。**「be動詞」**と**「一般動詞」**です。
英語は基本的に「主語＋動詞」という順番で始まるので、「主語の後ろに使う」のは同じですが、使い方に違いがあるので、be動詞と一般動詞はキッチリ分けて解説します。

be動詞は主語によって変わる

まずbe動詞の形ですが、原形（元の形）はbeです。
このbeは、主語によってam・are・isに形が変わります。

「主語によって動詞の形が決まる」のが英語の大きな特徴です。
日本語にこの特徴はありません。

「私が**いる**」　I am ～.
「あなたが**いる**」　You are ～.
「彼が**いる**」　He is ～.

日本語の動詞は、（過去形「いた」などの変化はありますが）「主語によって」形が変わることはありません。

「私・あなた・彼」どの主語でも、全部「いる」は「いる」のままですよね。

be動詞の使い分け

英語は、beがam・are・isに変わります。

be動詞の使い分け

人称	単数	複数
1人称	I am	We are
2人称	You are	
3人称	He is／She is／It is	They are
	This is	These are

従来こういう表にされているので、一瞬面食らいますが、ちゃんと整理すればカンタンです。
要は**「Iのときはam、Youのときはare」**です。
それ以外は「主語が単数ならis、複数ならare」です。

従来の説明は「He・She・Itのときは3人称で……」と「3人称」を特別扱いするからゴチャゴチャになるんです。「3人称」を特別扱いするのではなく、「IとYouを特別扱い」して、残りは「単数→is、複数→are」のほうがカンタンですよ。

ちなみに「人称」は全然難しくありません。
「自分／相手／それ以外」で考えます。「自分（I・We）は１人称」、「相手（You）は２人称」、「それ以外（He・She・It）が３人称」です。

be動詞は「イコール」の働き

次にbe動詞の「意味」です。beは「です・いる」と習ったと思います。
でも**beの核心は「イコール」**です。
be動詞を見たらまずは“＝”を思い浮かべてください。

I am busy.「私は忙しい」

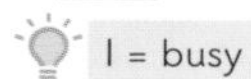
I = busy

He is in Tokyo.「彼は東京にいる」

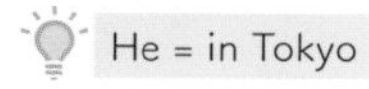
He = in Tokyo

冒頭の『アラジン』の英文を見てみましょう。

I am the slave of the holder of the lamp!

I amが使われていますね。
I = the slaveということです。
「私＝（ランプの持ち主の）奴隷」の関係です。これを意訳すると「私は持ち主の言うことは何でも聞く」になるわけです。

ここがポイント！

be動詞は「IとYouを特別扱い」。
「I→am、You→are」、
残りは「単数→is、複数→are」で解決！

Column

会話で短縮されたbe動詞

be動詞はよく使われるので、言いやすい「短縮形」があります。

I am → I'm
You are → You're
He is → He's ／ She is → She's ／ It is → It's

ちなみに今まで何十年もの間、日本中の学校で「I amが短縮されてI'mになる」と教えられているのですが、ホントはこれ、説明が逆なんです。
be動詞は会話でも異常なほど頻繁に出てきます。
ですから、I amをいちいち「アイ・アム」なんて言わないんです。
amは「ァム」、もっと言えば「ム」が普段の発音なんです。
その証拠に、英和辞典を引いてみてください。発音の《弱》のところが「ァム」や「ム」になっているはずです。

《弱》とは「弱形」と呼ばれ、ズバリ「普段の発音」のことです。

I'mは本来、書くときの短縮形なのではなく、もともとは会話で短縮されたんです。話すときに"I am"って、amを「ム」としか言わないから、じゃあ書くときもImでいいじゃん、それで「amが省略されてる」って目印にアポストロフィ（'）をつけて、I'mって書くようになったんです。

だからI'mやIt'sのような短縮形は「話し言葉で使われる」って説明されることが多いんです。

「別に結果は同じじゃん」なんて言わないでください。こういう本当の順序を知っていると、リスニングのときHe isではなく**He'sと発音されるのが「当たり前」**という心の準備もできるので、「He isの部分が速くて聞き取れなかった」なんて悩みも激減するんです！

動詞

18 be動詞の「否定文と疑問文」

「別格扱い」のbe動詞

I will go away if you wish.
Am I so ugly to you?

Beauty and the Beast

君のためなら、姿を消すよ。
でも、私はそんなに醜いのかい？

『美女と野獣』

従来の説明

否定文はbe動詞の後ろにnotを置きます。
疑問文はbe動詞と主語を入れ替えます。

英語の核心

否定文・疑問文は「be動詞中心」に作ります。否定文はbe動詞の直後にnotを置き、疑問文はbe動詞を文頭に引きずり出します。

➡今回のテーマに関しては、従来の説明でも十分です。ただ1つ大事な視点をつけ足すと、「be動詞を中心に作る」ってことです。be動詞は「別格扱い」と考えておけば、次の項目でやる一般動詞との違いがわかりやすくなりますよ！

be動詞の「否定文」

「否定文（～ではない）」にするときは、**be動詞の直後にnot**を置きます。

次に説明する「一般動詞」と違って、「be動詞」なんて「名前」がつけられているくらい、be動詞は別格扱いで、否定文も疑問文も「be動詞を中心に」作っていけばOKです。

I am happy.
↓
I am not happy.「私は幸せじゃない」

You are kind.
↓
You are not kind.「あなたは優しくない」

are not = aren't

He is a student.
↓
He is not a student.「彼は学生じゃない」

is not = isn't

be動詞の「疑問文」

「疑問文（～ですか？）」も、やはり「be動詞中心」に作っていけばOKです。
疑問文にしたいときは、**be動詞を文頭**に引きずり出します。ついでに文末はクエスチョンマーク（?）にして、語尾上がり（↗）で読みます。

I am happy.
↙
Am I happy?「私は幸せ？」

You are a student.

Are you a student?「あなたは学生？」

This is a pen.

Is this a pen?「これはペン？」

Part 3 動詞

冒頭の『美女と野獣』の英文には、be動詞の疑問文が使われています。

Am I so ugly to you?

「私は君から見たらそんなに醜いの？」という意味です。

soは「そんなに」、uglyは「醜い」、to youは「君にとって」です。

疑問文の答え方

疑問文の返答には **"Yes, 主語＋be動詞."** **"No, 主語＋be動詞＋not."** を使います。

Are you an office worker?「あなたは会社員ですか？」
— Yes, I am.「はい、そうです」
— No, I'm not.「いいえ、違います」

am notがくっついた形はありません。

Is this book yours?「この本はあなたのですか？」
— Yes, it is.「はい、そうです」
— No, it isn't.「いいえ、違います」

this bookに対しては、代名詞のitを使います。

英語は「繰り返しを避ける」言語ですので、Are you an office worker? に対して、Yes, I am an office worker. はクドい感じがします。**be動詞だけで「まとめる」力があります。**

Are you an office worker?
△) Yes, I am an office worker . 繰り返しはクドいので……
↓
◎) Yes, I am . am 1つで「まとめる」

「"まとめる" って言い方じゃなくて、"an office workerが省略されてる" のほうがわかりやすいじゃん」と言わないでください。

確かにこのbe動詞の説明だけなら「省略」って言い方のほうがわかりやすいんですが、そうすると、後々（あとあと）「一般動詞（do）」のところでつまずいちゃうんです。
あくまで「**beでまとめる**」と考えてくださいね。

ここがポイント！

否定文も疑問文も「be動詞を中心」に作る！

動詞

be動詞以外の動詞 ――一般動詞

「3単現のs」はこうすればカンタン！

Time flies.

proverb

光陰矢の如し。

ことわざ

従来の説明

３人称・単数形の主語で現在形のときには、一般動詞にsがつきます。

英語の核心

主語がI・Youなら「動詞はそのまま」。
I・You以外の主語は、単数なら「動詞にsをつける（複数ならそのまま）」。

➡これだけですべて解決します。「３人称」という用語を使わないで、カンタンに説明できるんです！

庶民扱いの「一般動詞」

「be動詞」以外の動詞はすべて**「一般動詞」**と言われます。
live「住む」、study「勉強する」、walk「歩く」、eat「食べる」など無数にあるので「一般」なんてまとめられちゃってるんです。
be動詞と一般動詞との違いは「否定文・疑問文」の作り方です。

もちろん「主語＋動詞」という順番は同じです。

I run. 「私は走る」
You live in Tokyo. 「あなたは東京に住んでいる」
I write a letter. 「私は手紙を書く」

ちなみに、be動詞も一般動詞も「動詞」ですから、どちらか「1つだけ」使います。「be動詞と一般動詞」両方を並べないようにしてください。

×）I am live in Japan.
◎）I live in Japan. 「私は日本に住んでいる」
◎）I am in Japan. 「私は日本にいる」

あくまで「動詞は1つだけ」です。

「3単現のs」はこうすればカンタン

従来「3単現のs」の説明といえば「3人称・単数の主語で現在形のときには、一般動詞にsがつく」ばかりでした。

「現在形」については、今は無視して大丈夫です（「過去形」を121ページで解説します）。

この説明がわかりにくいのは、「3人称」を特別扱いしすぎたからです。
これからは**I・Youを特別扱いしたほうがはるかにラク**です。

実際、I・Youは「話の中心」で、特別扱いすべき単語です。しかもIなんて、「常に大文字」で超特別扱いされてますよね。

主語がI・Youのときは動詞をそのまま使います。**I・You以外は「主語が単数→動詞にsをつける（複数ならそのまま）」**です。

I like the dog.　「私はその犬が好き」
You like the dog.　「あなたはその犬が好き」
He likes the dog.　「彼はその犬が好き」
They like the dog.　「彼らはその犬が好き」

さらに、もっとカンタンに説明すれば**「isをとる主語→一般動詞にsがつく」**って考えてもOKです。
He・She・It・Tom・This…… すべて、be動詞はisですね。
これらの主語に一般動詞がきたら、動詞にsがつくんです。

【勘違いに注意】さっきも言いましたが、×）He is plays tennis. みたいにしないでくださいね。「動詞は1つ」です。

「3単現のs」が時制の判別に役立つ?

この嫌われモノの「3単現のs」にも役立つときはあるんです。
今後、過去形を学ぶとき「不規則動詞」を覚えないといけません。中には put-put-put みたいに「無変化」の動詞もあります。

過去形・過去分詞などは235～237ページにて。

中学生のとき、テストでこういうのが出ると思わず「ラッキー」とか思ったかもしれません。

ボクも、put-put-putを見ると、なんか得した気分で一瞬テンションが上がったのを覚えています。九九を覚えるときの「5の段」みたいなラクさがありました。

でも、現在形・過去形・過去分詞が全部putのままだと、場面によっては混同されて誤解の原因になるんです。
もしそのときHe puts ～ なんて「3単現のs」があったら、「あ、絶対に現在形のputだ」と即断できるわけです。

小学生のときも「漢字覚えるのメンドくさい」と思ったかもしれませんが、後になってみれば漢字のありがたさに気づくのと同じです。「橋・端・箸」の区別のように「かんじがそんざいしないと、いみのはんべつにこまることはたたある」(漢字が存在しないと、意味の判別に困ることは多々ある)んです。

今すぐではない（1カ月後かもしれないし半年後かもしれない）ですが、必ずいつか「ナイス！　3単現のs」と思うときがきますよ。

最後に、3単現のsのつけ方を一覧表で確認してみましょう。

3単現のsのつけ方

パターン	3単現のsのつけ方	例
基本原則	-sをつける	plays／walks
語尾が“s／x／sh／ch／o”	-esをつける	washes／watches／goes／do→does（発音はダズ）
語尾が“子音字＋y”	y→iにして-esをつける	study→studies
不規則変化	haveのみ注意	have→has

「y→iにして-esをつける」というルールに関して、くわしくは127ページで。

冒頭のことわざは、flyという動詞がfliesになっています。

Time flies.「光陰矢の如し」

fly「飛ぶ」という動詞が、ここでは「飛ぶように過ぎ去る」という意味で使われています。

「光陰矢の如し」というと、ネット上ではTime flies like an arrow.という文もよく見かけますが、その表現は大半の辞書にはのっていません。Time flies.の形が本来正しい英文なんです。

ちなみに、「sの発音」は「名詞の複数形」のときと同じです。確認程度で十分でしょう。先に進むことが大事です。

3単現のsの発音：複数のsの発音と同じ

sの前の語尾の発音	sの発音	例
有声音（母音や濁る音）	ズ	plays（プレイズ）
無声音（息だけの音）	ス	likes（ライクス）
ス・ズ／シュ・ジュ／チ・ヂ	ィズ	washes（ウォッシィズ） watches（ウォッチィズ）

ここがポイント！

I・You → 動詞そのまま！
（I・You以外の） 主語が単数 → 動詞にsをつける（複数ならそのまま）！
これだけですべて解決!!

Column

なぜ「3単現のs」が必要なの?

「なんで３単現のsなんて必要なの？」という疑問は、たぶん何十年も前から日本中で飛び交っていると思います。
その理由ですが、正確に言うと事実はまったく逆で、「３人称・単数・現在のときにsがつく」のではなく、「３人称・単数・現在のときだけsが残ったまま。１・２人称ではs（みたいなもの）が消えちゃった」という考え方が正しいんです。

フランス語やドイツ語をはじめ、英語と親戚にあたるヨーロッパの言語では、「１人称・２人称」「単数・複数」に応じて、動詞が少しずつ変化するんです。

今度テレビで「フランス語講座」などをやっていたら、ちょっと見てみてください。

実は大昔の英語も同じで、主語に応じて動詞は変化していました。
その証拠とも言えるのがbe動詞で、いまだに主語に応じて変化しますよね。Iのときはamで、Youのときはare……のように。be動詞はあまりに頻繁に使われるので、そのまま生き残った珍しい動詞なんです。
昔の英語にあったこの変化が、長い時間をかけてなくなっていったんです。**たまたま３人称単数のときだけ「変化の名残としてsが残っちゃった」**わけです。これが３単現のsの正体です。

英語は世界中に広まった言語です。世界中に広まる１つの条件として「シンプルである」必要があります。貿易や契約のとき、外国人がすぐに使いこなせる必要があるわけです。そこで頻繁に使われ、取り引きにおいて重要な１・２人称から活用変化が消えたのだと思います。
102ページでも説明しましたが、やはり３人称ではなく、１・２人称（I・You）のほうが特別扱いされているわけですね。

20 一般動詞の「否定文」

否定文では「隠れているdo・does」が現れる

Success doesn't come to you, you go to it.

Marva Collins

ただ待ってるだけでは、成功は舞い降りてこない。成功は自らつかみに行くものだ。

マルバ・コリンズ

従来の説明

一般動詞の否定文は“do not＋原形”や“does not＋原形”にします。

英語の核心

一般動詞の前には、本来do・doesが隠れていて、否定文のときにそれが登場するだけなんです。

➡ネイティブの深層心理では、I {do} play tennis. のように、doが隠れているんです。また、否定文に関しては「いかに日本語が複雑か」「いかに英語が単純か」という大きな視点から解説します！

実は複雑な「日本語の否定文」

日本語で「否定文」を作る作業は、実は結構複雑なんです。
ただ「ない」をくっつけるわけじゃありません。
たとえば、「食べる」の否定は「食べない」です。
決して「食べるない」ではないですね。

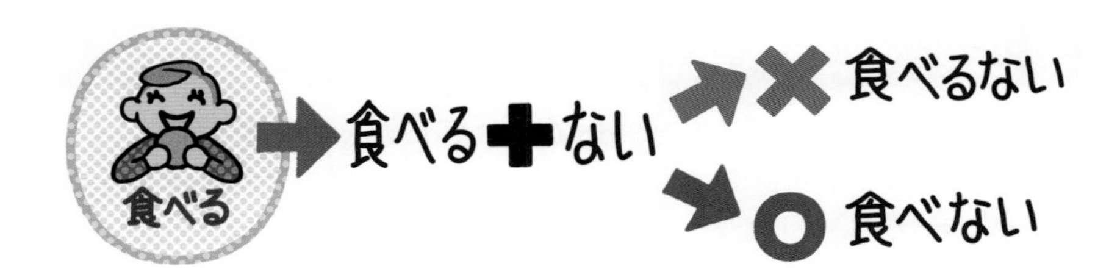

「食べる」という元の形を1回崩して「食べ」にして、さらに「ない」をつけてるんです。
「買う」→「買わない」にいたっては、「買うない」でも「買ない」でもありませんよね。「買（か）」に、どこから持ってきたのか「わ」をくっつけて、それから「ない」を足す。

普段余裕で使いこなしている日本語も、決して「ない」をくっつけるだけ、なんて単純なものではなかったんですね。

見えないdoが登場

英語の場合、「be動詞」はVIP待遇で「直後にnotをつけるだけ」という単純なものでした。
でも「一般動詞」は違います。一般動詞の否定文はnotをくっつける前にひと作業が必要です。
一般動詞は自力で否定文を作ることができません。
助っ人として“do”を連れてくる必要があります。

I play the piano.　「私はピアノを**弾きます**」

↓

I do not play the piano.　「私はピアノを**弾きません**」

doを持ってきてその直後にnotを置きます。
そのdo notの後ろに一般動詞がくるんです。

doesを使う場合

さらに、3単現のsがある場合、doではなくdoes（ダズ）を使います。
冒頭のマルバ・コリンズ（アメリカの教育者）の言葉でもdoesn't（＝does not）が使われていましたね。

She plays the piano.　「彼女はピアノを**弾きます**」

↓

She does not play the piano.　「彼女はピアノを**弾きません**」
↑ 原形（play）にする！

doesを使ったら、plays→playという「原形」に戻ります。
doが3単現のsを持っていっちゃう（doesになる）からです。

間違っても、×）She does not playsのようにsを重ねないでください。

日本語より英語のほうが、カンタンに否定文が作れるんです。
日本語「買う→買わない」では、いきなり「わ」の登場（しかも「う」はどっかに消える）、「する→しない」にいたっては完全に変わっちゃうんです。

一方、英語はdoかdoesが出てくるだけで、変化もせいぜいplays→playぐらいなんです。

【一般動詞の否定文】

主語＋{ do not / does not }＋一般動詞（原形）

◆普通はdo、３単現のsがつくときはdoesを使う
◆短縮形は “do not = don't” “does not = doesn't”

doが出てくる理由(わけ)

否定文の作り方は以上です。
普通はここで説明が終わるんですが、「どこからdoが出てきたのか？」ということまで知ると、英語の奥深さが見えてきますよ。

実は、**ネイティブの深層心理では、一般動詞の前には常にdoがある**んです。

I do play tennis.

「ネイティブの深層心理にdoがある」と言い切れる理由は２つあります。
１つめは、数百年前までI do play tennis. のような文は頻繁に使われていたからです。
時間が経つにつれて、do playが合体してplayになっちゃったんです。

どんどんシンプルになっていくのが英語の特徴でしたね（107ページ）。

２つめの理由は、現代英語でも**「動詞を強調するときはdoが復活する」**からです。
たとえば、I do play tennis. という文は、doを使って「playを強調」してるんです。「私はテニスを（“見る”のではなく）実際に“する”のです」と言いたいときにdo playの形にします。

do playの形は、別にマニアックな文法ではありません。たまに目にしますよ。

ちなみに、40ページで出てきたガリレオの言葉にも強調のdoが使われています。

Yet the earth does move.

Galileo Galilei

それでも地球は動いている。

ガリレオ・ガリレイ

does moveは、doesを使ってmoveを強調しているんです。
「本当に動いてるんだ」って強調しているわけです。

ちなみに、強調しない形はThe earth moves. です。

このように、普段は（強調するとき以外は）do・doesが隠れているんです。
それが否定文のときに現れるだけだったんですね。

ここがポイント！

**「一般動詞の否定文」は、
「隠れているdo・does」の力を借りる！**

動詞

21 一般動詞の「疑問文」

「語順を変えて」疑問文を作る

Does he collect butterflies?

Le Petit Prince Antoine de Saint-Exupéry

その子は蝶を捕まえたりはしないの？

『星の王子さま』 サン・テグジュペリ

従来の説明

一般動詞の疑問文は“Do＋主語＋原形?”や“Does＋主語＋原形?”の形にします。

英語の核心

日本語は文末に「か」をつけ足すだけで疑問文になりますが、英語は「語順を変える」と疑問文になります。否定文同様、隠れているdo・doesの力を借りて疑問文を作ります。

➡ただやみくもに“Do＋主語＋原形?”って形を覚えるのではなく、まず「語順を変える」という英語の特徴を解説します。

日本語の疑問文は「か」か「の」をつけるだけ

日本語の疑問文は、すごく単純です。
文の最後に「か」「の」をくっつけるだけです。
たとえば「あなたは東京に住んでいますか」「彼はテニスするの」で疑問文になりますね。

丁寧な文には「か」、タメロには「の」が合います。逆にすると（通じますが）変な感じになります。「あなたは東京に住んでいますの」「彼はテニスをするか」みたいに。

英語では「語順を変える」

日本語は「言葉をつけ足すだけ」ですが、**英語は「語順を変える」**ことで疑問文になります。

be動詞の場合は、be動詞が自分から文頭に出ていきましたね。

たとえば、You are a student. → Are you a student?

日本語は、最後まで聞き終わらないと、疑問文なのかそうじゃないのかわかりません。

でも**英語では、ド頭（アタマ）で「疑問文です！」って伝える**んです。
たとえば、Are youって聞いた瞬間に、相手は「あ、疑問文！」ってわかるようになっているんです。

さて、be動詞の疑問文はカンタンでしたが、一般動詞は自力で疑問文を作れません。
do・doesの力を借ります。
普段隠れているdo・doesが姿を現して、このdo・doesが文頭に出ていきます。

You like baseball.「あなたは野球が**好きです**」

隠れているdoが出現

You do like baseball.

doを先頭へ

Do you like baseball?「あなたは野球が**好きですか**？」

doesを使う場合

否定文のときと同じように、３単現のsがある場合、doではなくdoesを使います。

She plays the piano.「彼女はピアノを**弾きます**」

隠れているdoesが出現／playsがplayになる

She does play the piano.

doesを先頭へ

Does she play the piano?「彼女はピアノを**弾きますか**？」

【一般動詞の疑問文】

Do / Does ＋主語＋一般動詞（原形）～？

疑問文の答え方

疑問文の返答には **"Yes, 主語＋do."** **"No, 主語＋do not."** を使います。

Do you like baseball?「あなたは野球が好きですか？」
— Yes, I do.「はい、好きです」
— No, I don't.「いいえ、好きじゃありません」

don't = do not、答えるときは普通、短縮形を使います。

英語は「繰り返しを避ける」言語なので、Do you like baseball? に対して、Yes, I like baseball. はクドく思われます。
do 1つで「まとめる」力があります。

Do you like baseball?「あなたは野球が好きですか？」
△) Yes, I like baseball.　繰り返しはクドいので……。
◎) Yes, I do.　do 1つで「まとめる」。

【参考】この「まとめる」doは「代動詞（だいどうし）」と言われます。like baseballの「代わりをする動詞」という意味です。

be動詞の説明で、「省略」ではなく「まとめる」という考え方を強調しましたが（100ページ）、その考えがここに活きてきます。もし「省略」だと、Yes, I do. ではなく Yes, I like. になってしまいますね。
「Doで聞かれたらdoで答える」のですが、「Doesで聞かれたらdoesで答える」ようにしてください。

Does she play the piano?「彼女はピアノを弾きますか？」
— Yes, she does.　「はい、弾きます」
— No, she doesn't.　「いいえ、弾きません」

doesn't = does not、短縮形を使うのが普通。

ここがポイント！

日本語は「言葉をつけ足す」、英語は「語順を変える」ことで疑問文にする！
隠れているdo・doesを文頭へ出す!!

時制

時制しだいで
意味がガラッと変わる！

Part 4 の全体像

時制 【じせい】

現在形や過去形など、「いつの話か？」を示すものを「時制」と言う。「時制ぐらい気にしなくても英語は通じるよ」とか言われることもあるが、やはり繊細な表現をしていくためには欠かせない文法の１つ。たとえば「告白したら、フラれた」は「１回フラれた」だけだが、「告白すると、フラれる」というのはもはや目も当てられない。「私は東京で生まれる」も意味不明。時制には気をつけましょう。

「時制」のポイント

❶ be動詞の過去形はwasとwereの2つだけ

❷ 一般動詞の過去形は「規則動詞」と「不規則動詞」の2パターン
「否定文・疑問文」にはdidを使う

❸ 進行形はbe + -ingの形にする
「進行形にできない動詞」の特徴をつかむ

時制

22 be動詞の過去形

過去の文にするには「動詞を過去形」にする

Everything was very small.

Gulliver's Travels Jonathan Swift

何もかもが小さかった。

『ガリバー旅行記』 スウィフト

従来の説明

am・isの過去形はwas、areの過去形はwereです。

英語の核心

日本語と同じように、過去形にするときは「動詞を変える」だけです。
am・isの過去形はwas、areの過去形はwereです。

➡今回に関しては、従来の説明で問題ありません。あえて補足すると日本語同様、英語も「過去形にするときは動詞を変える」と押さえておきましょう。

be動詞の過去形はwasとwereの2つだけ!

日本語は過去の文にするとき、「いる」→「いた」のように変えますね。

【現在形】彼は部屋にいる。

⬇

【過去形】彼は部屋にいた。

英語も動詞を過去形に変えれば過去になります。
今回はbe動詞です。be動詞の過去形は2つだけです。

【be動詞の過去形】
am／is → was（ワズ）　　are → were（ワー）

You **are** in the room.　「あなたは部屋に**いる**」

⬇

You **were** in the room.「あなたは部屋に**いた**」

否定文・疑問文は、現在形（am・are・is）と同じ「be動詞中心」です。
否定文は「be動詞の後ろにnot」、疑問文は「be動詞を文頭に」でOK。

【否定文】He was not in the room.　「彼は部屋に**いなかった**」
【疑問文】Was he in the room?　「彼は部屋に**いた？**」
—Yes, he was.　「うん、**いたよ**」
—No, he was not (= wasn't).「いや、**いなかったよ**」

ここがポイント！

過去形は「動詞を変える」だけ！
am／is→was、are→wereにする!!

時制

23 一般動詞の過去形（規則変化・不規則変化）

4千年前は不規則変化しかなかった!?

In the beginning, God created the heaven and the earth.

the Old Testament

はじめに、神は天と地とを創造された。

『旧約聖書』

従来の説明

一般動詞を過去形にする場合、「規則変化」は-edをつけます。ただし、「短母音＋子音で終わる」場合は「最後の子音字を重ねて-ed」をつけます。
「不規則変化」はひとつひとつしっかり覚えましょう。

英語の核心

過去形には2パターンあります。「規則変化」と「不規則変化」です。覚えやすいように似たパターンで整理しました。

➡「規則変化」の「短母音＋子音で終わる」パターンはstop（→stopped）しか出てきません。また、「不規則変化」は中学英語でしか出てきません（高校レベルの単語まで不規則だったらネイティブも覚えきれないので）から、今だけちょっとがんばってください！

一般動詞の過去形は2パターン

今回は、be動詞以外の「一般動詞」の過去形です。
一般動詞の場合も、動詞を過去形に変えるだけでOKです。
ただし、無数にある一般動詞には、過去形の作り方が２種類あります。

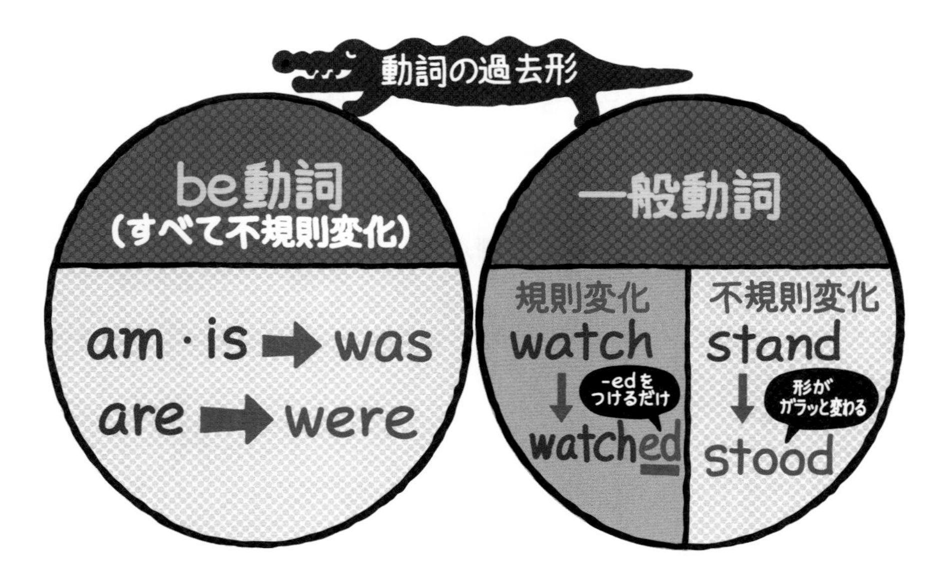

一般動詞はたくさんあるので、原則「規則変化」です。
動詞の最後に-edをくっつけるだけでOKです。
たとえばplay→**played**、walk→**walked**になります。

I played the guitar.「私はギターを**弾いた**」

もう１つは「不規則変化」で、これは**まるで形が変わります。**
make→**made**、get→**got**みたいに、ほとんどは元の形の面影が残っていますが、中にはgo→**went**みたいに完全変装してしまうものもあります。

これで「え～」とか引かないでください。「メンドくさいだけ」です。決して「難しい」わけではないので、こんなことで英語をあきらめるのはもったいないですよね。

He <u>went</u> to the park.「彼は公園に**行った**」

一般動詞の過去形は、主語によって変わることはありません。

be動詞は主語によってwasかwereになりますね。

だから「３単現のs」も忘れてOKです。主語がIでもYouでもHeでもplayedやwentが使えます。

「３単現」とは「３人称単数現在」のことですから、過去形のときは関係ないんです。

規則変化で注意するのはstudyとstopだけ

動詞が「規則変化」なのか「不規則変化」なのかは、覚えるしかありません。
中学英語ではほぼ半々で出てきますので、途方に暮れてしまいますが、**実際の英語の世界では、ほとんどが規則変化**です。

さすがに、無数にある一般動詞が不規則変化ばかりだったらネイティブも覚えきれません。中学で出てくる基本的な動詞には不規則変化が多いのですが、高校レベルでは99％規則変化なんです。だからここだけ気合入れて覚えちゃえば、動詞の変化で困ることは永久になくなります。

規則変化は、原則-edをつけるだけですが、細かく見ると次ページの表のようになります。

パッと見、大変そうですが、実は-edのつけ方はカンタンです。
基本、-edをつける、useなどは-dだけつける。
study→studiedのパターンは３単現のsと同じ（study→studies）ですね。
最後の「短母音＋子音で終わるときは、子音字を重ねて-ed」が泣きそうになりますが、**stop以外ほとんど出てきません。**

過去形の作り方（規則変化）

パターン	過去形の作り方	例
基本原則	-edをつける	played／walked
語尾がe	-dだけつける	like→liked use→used
語尾が“子音字＋y”	y→iにして-ed	study→studied
語尾が“短母音＋子音”	子音字を重ねて-ed	stop→stopped

ですからこの「短母音～」なんて覚えるくらいならstop→stoppedを何回か書いておけば大丈夫でしょう。

stop以外で強いて言えばdrop「落ちる」くらいです。drop→droppedです。

不規則動詞の過去形

では、不規則変化の動詞です。
さっきも言ったように、ここを乗り越えてしまえば、もう英語人生において不規則動詞はほとんど出てきません。

高校生のとき、単語には苦労したかもしれませんが、不規則動詞の練習なんてしなかったはずです。

235ページからの資料に一覧をのせましたが、基本的に覚える動詞は51個です。
無数にある英単語の中のたったの51個だけですから、気合入れて覚えてください。

暗記モノは長時間やるよりもスキマ時間を使ったほうが効率がいいです。たとえば、1日1時間じ～っと暗記するより、15分を4回のほうが記憶の定着がよく、しかもラクですよ。

ここで、ほんの少しだけ重要動詞の過去形をチェックしてみましょう。

不規則変化の動詞の過去形

意味	原形	過去形
来る	come	came
行く	go	went
売る	sell	sold
買う	buy	bought
話す	tell	told
言う	say	said
持つ	have	had
作る	make	made
会う	meet	met
食べる	eat	ate
書く	write	wrote

はるか昔は不規則変化しかなかった!?

今から４千年前のはるか昔、英語の先祖とされる言語では、過去形は全部「不規則」だったそうです。
その後、２千年ほど経って「規則動詞」が出始めました。
どんどん規則動詞が増えていきましたが、普段よく使う基本単語ほど不規則のまま現代まで生き残っているんです。

なまじよく使うだけに、規則動詞に変えるスキがなかったのでしょう。今までみんなで散々wentを使ってきたのに「明日からgoedを使いましょう」とか言っても「今さら……」って誰も聞かなさそうですよね。

最後に細かいことにサッと目を通して終わりにしましょう。

-edの発音：「直前の発音」によって決まる

-edの前の語尾の発音	-edの発音	例
有声音（母音や濁る音）	ドゥ	loved（ラヴドゥ）
無声音（息だけの音）	トゥ	liked（ライクトゥ）
トゥ（スペルが“t”） ドゥ（スペルが“d”）	イッドゥ	wanted（ウォンティッドゥ） needed（ニーディッドゥ）

【過去形と一緒に使われる語句】

yesterday「昨日」

at that time／then「そのとき」

last ～「一番最近の～」（last night「昨夜」／last week「先週」）

～ ago「～前」（three minutes ago「３分前」／two years ago「２年前」）

ここがポイント！

規則変化はstudyとstopだけ注意！
不規則変化は中学レベルの単語だけ!!

Column

知っておきたい　スペルのシンプルな法則

中学英語でよく出てくるやっかいなルールに「“y→i”に変えるルール」があります。
以下の５パターンのうち、この本でも４パターン出てきます。

【“y→i”に変えるルール一覧】

- □ 複数形にする場合　city→cities　◆ 28ページ
- □ ３単現のs：子音＋yで終わる場合　study→studies　◆ 105ページ
- □ 過去形：子音＋yで終わる場合　study→studied　◆ 124ページ
- □ 比較級・最上級：子音＋yで終わる場合　easy→easier・easiest　◆ 194ページ
- □ 品詞の変換　marry「結婚する」→marriage「結婚」

これ、メンドくさそうに見えますが、実はシンプルな法則があるんです。
「最後に“y”で終わる単語が変形する場合、y→iに変える」だけなんです。
もっとカンタンに言えば**「単語の真ん中にyを使いたがらない」**ってことです。
英語の世界では、×）cityes／studyesのような形を嫌うんです。
だからyをiにするだけなんです。

改めて考えてみると、y（ワイ）とi（アイ）の発音も似ていますね。

これで、ワケわかんないと思ったルールもだいぶラクになりますね。
最後に２つ、細かい補足事項を話します。サッと流すぐらいでOKです。

Q：母音＋yで終わる単語は、なんでyをiにしないの？

play→playedなどは、-edをつけるだけです。
これは、yをiに変えちゃうと、×）plaiedのように母音が3つも並んじゃうのを嫌がったと考えられます。

フランス語をやればわかりますが、ヨーロッパの言語は「母音の連続」を嫌います。
英語でも、×）a appleだと、aが続いちゃうので、an appleにしますよね。

Q：myth「神話」やOlympic「オリンピック」という単語は？

mythやOlympicには、単語の真ん中にyがきていますが、これはもともとはギリシャ語なんです。ギリシャ語のスペルのまま英語に入ってきただけなんです。
このように、単語だって、丸暗記しなくてもいいことがたくさんあるんです！

時制

24 一般動詞の過去形（否定文・疑問文）

過去形は「隠れているdid」を使う

I didn't bring more rice that evening because I wanted them to enjoy the joy of sharing.

Mother Teresa

その晩はさらにお米を持っていくことはありませんでした。彼らには、分かち合う喜びの素晴らしさを知ってほしかったからです。

マザー・テレサ

従来の説明

一般動詞の過去の「否定文」は“主語＋did not＋原形”、「疑問文」は“Did＋主語＋原形？”にします。

英語の核心

一般動詞の過去形の「否定文・疑問文」には、隠れているdidを使います。

➡do・doesと同じように、過去形の文には、ネイティブの深層心理にdidが隠れています。

否定文・疑問文にはdidが登場

「現在形」の否定文・疑問文には、普段隠れているdo・doesを使いました。**「過去」の場合はdidが隠れていて、このdidを使います。**

【否定文】

I used the pen. 「私はそのペンを**使った**」

↓ 隠れているdidが出現

I did use the pen.

↓ didを使ったら、原形（use）に戻す

I did not use the pen. 「私はそのペンを**使わなかった**」

【疑問文】

He went to the park. 「彼は公園に**行った**」

↓ 隠れているdidが出現

He did go to the park.

↙ didを先頭へ／didを使ったら、原形（go）に戻す

Did he go to the park? 「彼は公園に**行ったの？**」

【まとめ：do・does・didの使い分け】

【現在形】主語がI・You／主語が複数 → do

（I・You以外で）主語が単数 → does

【過去形】主語が何でも → did ◆規則変化・不規則変化どっちもdidを使う。

ここがポイント！

一般動詞の過去形の「否定文・疑問文」は、隠れているdidを使う！

25 進行形の基本

-ingの作り方はとってもシンプル！

We are talking of peace.

Mother Teresa

私たちは今、平和について語っているのです。

マザー・テレサ

従来の説明

進行形はbe動詞＋-ingです。「否定文」はbe動詞の後ろにnotを置き、「疑問文」は主語とbe動詞を入れ替えます。

英語の核心

進行形はbe＋-ingです。「否定文・疑問文」は「be動詞中心」に作ればOKです。

➡「進行形」という新しい形が出てきましたが、否定文・疑問文は結局「be動詞中心」に考えれば一発で理解できます。

進行形とは？

「今まさに～している」という、「この瞬間の動作」を表すものを「進行形」と言います。

【現在形】　　「私は、毎日ピアノを弾く」
【現在進行形】「私は、今ピアノを弾いている」

「進行形」は“be 動詞＋-ing”

英語で「進行形」にするときは**be 動詞＋-ing**を使います。
「be 動詞」＋「一般動詞の -ing」→「～している」という意味になるんです。

【現在形】　　I play the piano every day.「毎日ピアノを弾く」
↓
【現在進行形】I am playing the piano now.
「今ピアノを弾いている」

よくあるミスは次の２パターンです。

×）I playing the piano now.
×）I am play the piano now.

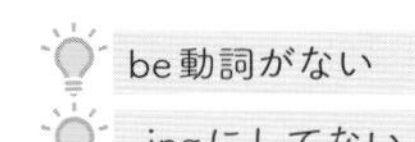

-ing の作り方

基本的に動詞に -ing をつけるだけです。

-ingの作り方

パターン	-ingの作り方	例
基本原則	-ingをつける	walking／studying
語尾がe	eをとって-ing	write→writing／use→using
語尾が“短母音＋子音”	子音字を重ねて-ing	run→running
		swim→swimming
		stop→stopping
		begin→beginning

表だけ見ちゃうとメンドくさそうですが、整理すればカンタンです。
「３単現のs」「過去形」にするときには、「y→iにして-ed」というルールがありました（例：study→studies・studied）。
でも、-ingにこのルールはありません。
studyにはそのまま-ingをつけてstudyingにします。

yをiにしちゃったら変ですよね。×）studiing

-ingの作り方で新しく出てきたのは「eをとって-ing」です。
これはよく使いますが、カンタンなのであまり苦労しないと思います。
write→writing／use→using／take→takingなどがよく出てきます。

最後の「短母音＋子音で終わるときは子音字を重ねて-ing」が難しく見えますが、気をつけるのはrunning・swimming・stopping・beginningだけです。

「ランニング・スイミングを、ストップしてまた始める」って何回か言えば大丈夫だと思います。

進行形の否定文・疑問文

進行形の否定文・疑問文はカンタンです。
be動詞があるので、**be動詞中心に作ればOK**です。

【否定文】be動詞の後ろにnot

I am writing a letter.　「私は手紙を**書いています**」

↓

I am not writing a letter.「私は手紙を**書いていません**」

【疑問文】be動詞を文頭へ

She is studying English.「彼女は英語を**勉強しています**」

↙

Is she studying English?「彼女は英語を**勉強していますか？**」

進行形だろうが何だろうが、be動詞があるときは「be動詞中心」でしたね。

過去進行形はwas・wereを使うだけ

「〜している」を現在進行形、「〜していた」を過去進行形といいます。
過去進行形は、**be動詞を過去形にするだけ**です。

I am reading a book now.　「今、私は本を**読んでいます**」

↓

I was reading a book then.「そのとき、私は本を**読んでいました**」

You are studying English.　「君は英語を**勉強しています**」

↓

You were studying English.「君は英語を**勉強していました**」

否定文・疑問文も「be動詞中心」に

過去進行形の否定文・疑問文も、当然「be動詞中心」にすればOKです。

【否定文】be動詞の後ろにnot

I was reading a book then. 「そのとき、私は本を**読んでいました**」

↓

I was not reading a book then.

「そのとき、私は本を**読んでいませんでした**」

【疑問文】be動詞を先頭へ

You were studying English. 「君は英語を**勉強していました**」

Were you studying English? 「君は英語を**勉強していましたか？**」

ここがポイント！

進行形はbe動詞＋-ing！
否定文・疑問文は「be動詞中心」に!!

進行形にできる動詞・できない動詞

「中断・再開」が不可能な動詞は進行形にできない

Victory belongs to the most persevering.

Napoléon Bonaparte

勝利を手にするのは、最後まで耐え抜いた者である。

ナポレオン・ボナパルト

従来の説明

動詞の中には「進行形にできない動詞」もあって、ひとつひとつ覚えないといけません。たとえばknow「知っている」は進行形にできません。have「持つ」も進行形にできませんが、「食べる」という意味のhaveなら進行形にできます。

英語の核心

「進行形にできない動詞」のルールは、「5秒ごとに中断・再開できない動詞は、進行形にできない」です。

➡これだけですべて解決できます。たとえばknowは「5秒ごとに記憶を消して、また再開して」なんてできませんね。だから進行形にできません。haveなどほかの動詞もこのルールで解決します！

中断・再開が不可能な動詞は進行形にできない

動詞の中には「進行形にできない動詞」もたくさんあります。
たとえばknow「知っている」は進行形にできない動詞です。

「彼を知っている」
×）I am knowing him.　　◎）I know him.

おまけにhaveにいたっては「例外的な動詞で、"持つ"という意味では進行形にできないが、"食べる"という意味では進行形にできる」なんて説明が何十年も前からされています。

中学レベルではknow、love、haveなど数が少ないので「暗記できちゃう」んです。でも高校レベルでは膨大な数に増えますので、しっかり「理解」していきましょう。

ズバリ進行形の核心は**「5秒ごとに中断・再開できる→進行形にできる」**です。これだけですべて解決できます。
たとえば、walk「歩く」は、5秒ごとに中断・再開できますね。
5秒歩いて、5秒止まって、また5秒歩いて……。
だから進行形**be walking**にできるんです。
write「書く」もstudy「勉強する」も余裕で中断・再開できます。
だから**be writing**も**be studying**もOKです。

I am writing a letter.　「私は手紙を**書いている**」
She is studying English.　「彼女は英語を**勉強している**」

「5秒ごとに中断・再開できる→進行形にできる」を裏返せば、
「5秒ごとに中断・再開できない→進行形にできない」ということです。
たとえば、knowやlikeは中断・再開できませんよね。
5秒ごとに「記憶を消したり戻したり」、はたまた「好きになったり嫌いになったり」意図的にできる人はいません、ありえません。
だから、×）be knowing／be likingという形はありえないんです。そのままknowやlikeという形でOKです。

「彼は彼女を好き」
×）He is liking her.　　◎）He likes her.

次にhaveです。
haveは**「持っている」という意味では、中断・再開できません**よね。
だから進行形にできません。

「兄弟が２人いる（持っている）」
×）I am having two brothers.
◎）I have two brothers.

でも**「食べる・飲む」って意味のhaveは中断・再開できます**よね。
だから進行形にできます。

I am having lunch.「私はランチ中だ」

進行形にできるのは「途中」の概念がある動詞

最後に、なんでこの「５秒で中断・再開」というルールができあがったか、その背景を説明します。

実は、進行形には「～している（途中だ）」のように、「途中だ」という意味が隠れているんです。

I am reading a book now. 「私は本を**読んでいる（途中だ）**」

従来は「～している」しか教えられませんが、本当は「～している（途中だ）」というニュアンスが含まれているんです。
逆に言えば「途中」という概念と合わない動詞は進行形にできないんです。
×）「私は彼の住所を知っている途中だ」は意味不明ですね。

「途中」なら「5秒ごとに途中で止めるのも、再開もできる」わけです。
だから「中断・再開できるなら、進行形にできる」、「中断・再開できないなら、進行形にできない」というルールができあがるんです。

「5秒」という数字は言いやすいから「5秒」にしているだけで、「10秒」でも「1分」でも何でもOKです。

ここがポイント！

5秒ごとに中断・再開できない
→進行形にできない！

Column

「現在形」は現在のことには使わない!?

高校レベルの内容を少しだけ説明しましょう。
ここでは「現在形」と「現在進行形」の使い分けについてお話しします。
現在進行形は「今まさに～している」という意味ですね。
「今この瞬間」のことには現在進行形を使うんです。
では「現在形」はどういうときに使うのでしょう？

ここまでは英語の基本ルール（「主語＋動詞の語順」「否定文・疑問文ではdoを使う」「doesの使い方」）に意識を集中するために、あえて説明していませんでしたが、実は「現在形」は今現在のことには使わないんです。

偉い学者さんが「現在形」って名前をつけちゃったから、しかたなく「現在形」と説明せざるをえませんでしたが、ボクなら「現在・過去・未来形」って名前にします。みなさんも**「現在形＝現在・過去・未来形」**と考えてください。

I **play** baseball.「私は野球をします」 現在形
I **am playing** baseball.「私は野球をしています」 現在進行形

I am playing baseball. のほうは、今まさに野球をしながら話しているんです。でも、I play baseball. は今この瞬間は野球をしていません。
「私は（現在・過去・未来いつも）野球をします」→「（毎日）野球をします」という意味で、「野球部」か「プロ野球選手」が使う表現なんです。

Part 5

助動詞

助動詞を使えば
微妙なニュアンスを表現できる!

Part 5 の全体像

助動詞【じょどうし】

「動詞に意味をつけ加えて補助する詞（ことば）」
「助監督」「助走」など、「助」という言葉は「２番手扱い」の響きがあるので動詞の子分みたいなイメージを植えつけられるが、英文法の世界では、動詞よりも前に出る（can playのように）ので、be動詞・一般動詞よりもランクが高く、「動詞ランキングNo.1」で、「否定文・疑問文」は「助動詞を中心に」作っていく、実はメジャーな存在。

「助動詞」のポイント

❶ 各助動詞の核心イメージをしっかり押さえる

❷ 特に「予想系」の意味を忘れがちなので注意する（canなら「ありえる」という意味）

助動詞

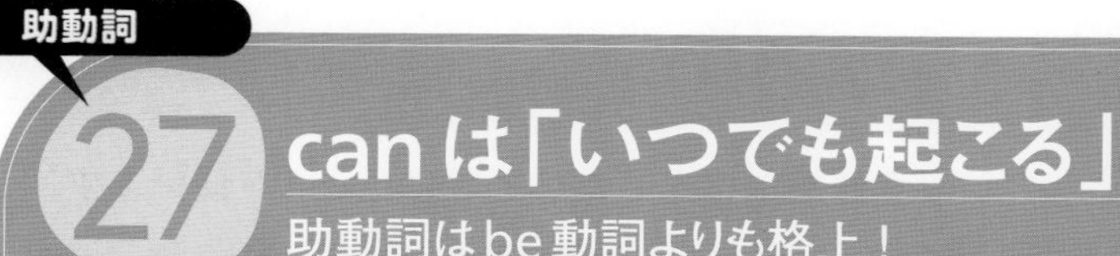

27 canは「いつでも起こる」

助動詞はbe動詞よりも格上！

If you can dream it, you can do it.

Walt Disney

夢に描けることなら、何でもできる。

ウォルト・ディズニー

Part 5 助動詞

従来の説明

canは「できる」と訳します。canの否定文は“can not＋原形”、疑問文は“Can＋主語＋原形?”の形にします。

英語の核心

canの核心イメージは「いつでも起こる」で、そこから「できる」「ありえる」という2つの意味が生まれます。否定文・疑問文は「助動詞中心」に作ればOKです。

➡canは「できる」しか教わりませんが、「ありえる」という意味も重要です。また、助動詞は「動詞ランキング」でNo. 1（be動詞よりも優先）です。否定文は「助動詞の後ろにnot」、疑問文は「助動詞を文頭に出す」だけです。

助動詞の基本

動詞に、「できる」という意味をつけ足したいときにはcanを使います。

I drive a car.　「私は車を運転する」

↓

I can drive a car.「私は車を運転することができる」

canは動詞に「できる」という意味をつけ足すので、「助動詞」と呼ばれます。

【助動詞の使い方：動詞の直前に置く】

主語＋助動詞＋動詞の原形　◆助動詞はどの主語でも同じ形

◎）She can play the piano.「彼女はピアノが弾ける」

×）She can plays the piano.　助動詞の後は「動詞の原形」

助動詞は主語に応じて形が変わることはありません。

IでもYouでもHeでも、canはcanのままです。

また、canの後ろには必ず「動詞の原形」がきます。

助動詞の否定文・疑問文

助動詞の否定文・疑問文は**「助動詞中心」**です。

つまり、否定文は「助動詞canの後ろにnot」、疑問文は「助動詞canを文頭に出す」だけです。

【助動詞の否定文・疑問文：助動詞中心に作る】
【否定文】助動詞の後ろにnotを置く
【疑問文】助動詞を文頭に出す

【否定文】
I can drive a car.　「私は車を運転することが**できる**」
↓
I cannot drive a car.　「私は車を運転することが**できない**」

【疑問文】
She can play the piano.　「彼女はピアノが**弾ける**」
↓
Can she play the piano?　「彼女はピアノが**弾けるの？**」
—Yes, she can.　「はい、弾けます」
—No, she can't.　「いいえ、弾けません」

can notは実際にはほとんど使われず、cannotもしくはcan'tが使われます。

「be動詞」「一般動詞」に続き、３つめの動詞グループが「助動詞」です。
実は、助動詞はbe動詞よりもランクが高いんです。
「助動詞」→「be動詞」→「一般動詞」の順番です。

「助動詞」なんて名前なので、動詞の子分みたいなイメージを植えつけられますが、動詞よりも前に出る（can playのように）ので、実は「動詞よりもランクが高い」んです。

助動詞が、be動詞よりもランクが高いことを英文で確認してみましょう。

It can be true.

canの直後にnotを置く

It can't be true.

be動詞を無視して、あくまで「助動詞中心」で否定文が作られます。

疑問文もcanを文頭に出します（Can it be true?）。ちなみに、It can't be true. の意味は、高校英語の範囲なんですが、この後すぐに説明します。

canの核心イメージは「いつでも起こる」

canには「できる」という意味以外に、「ありえる」という意味もあります。

It can be true.　「それが真実ということも**ありえる**」
It can't be true.「それが真実ということは**ありえない**」

特に否定文の**It can't be true.** は「そんなはずはない／まさか」って感じで、会話でもよく使われます。

「ありえる」という意味のcanを使った英文を見てみましょう。

イギリスの詩人、シェリーの詩からの引用で、少し難しいんですが、有名な一節なのでぜひ読んでもらいたい英文です。

If Winter comes, can Spring be far behind?

Ode to the West Wind Percy B. Shelley

冬来たりなば春遠からじ

『西風に寄せる歌』シェリー

can Spring be far behind? の直訳は「春が遠いなんてことがありえるだろうか？」→「いや、ありえない。春は遠くないぞ」という意味なんです。
さて、ここで大事なのは、「canの意味を２つ覚える」ということではなく、「核となるイメージをつかむ」ことです。
canの核心イメージは「いつでも起こる」です。

I can swim.「私は泳げる」という文は、もともとは「"泳ぐ" という行為はいつでも起こる」→「(泳げと言われればいつでも) 泳げる」なんです。

Accidents can happen.「事故は起こりえる」なら、もともとは「"事故が起こる" という事態はいつでも起こる」という意味です。

こういう説明は理屈っぽく感じるかもしれませんが、単純だからって暗記に走ると、後で大きなツケがまわってきちゃうんです。最初のレベルほど丁寧に「理解」していってください。

この後解説するwill・may・mustなど助動詞はすべて何個も覚えなきゃいけない意味が出てきますが、このような核となるイメージから理解していけばカンタンに覚えられますよ！

助動詞はどう役立つの？

「一般動詞」は単に「事実」を伝えるだけです。
「助動詞」は「キモチ」を伝えます。

【一般動詞】She plays the piano.　「彼女はピアノを**弾く**」
【助動詞】　She can play the piano.「彼女はピアノが**弾ける**」

playsは単に「ピアノを弾く」という事実です。
でもcan playだと、たとえば「ピアノ弾けるんだよ（すごくない？）」と**キモチを伝える働き**があるんです。

さらにcan以外の助動詞のほうが「キモチを伝える」というのがもっとハッキリします（次のテーマwillだと「絶対にする」という意志が加えられます）。

She plays the piano.
She can play the piano.

このようにわれわれのキモチを表す「助動詞」は、当然英会話で大活躍しますよ。

ここがポイント！

助動詞は「動詞ランキング」でNo.1なので、
否定文・疑問文は「助動詞中心」に！
canの核心イメージは「いつでも起こる」!!

Column

助動詞には「予想（推量）」の意味が含まれる

従来の中学英語では、canは「できる」という意味だけ教えられ、「ありえる」の意味は高校で教えられます。でも、普段ボクは高校生以上の方を教える立場から、中学で「できる」という意味だけを教えることに大反対です。中１の段階で“can＝できる”が頭に焼きついちゃって、高校生になったころには、「ありえる」の意味が頭に入りにくくなっちゃうんです。

ではどうすればいいか？
まず最初の段階で「助動詞の性質」をきっちり教えるべきだと思います。
「助動詞の性質」は３つあります。

①助動詞はbe動詞・一般動詞よりも格上
→否定文・疑問文は「助動詞中心」に作る
②核になるイメージは１つだけ。そのイメージから複数の意味が生まれる
→canの「いつでも起こる」から、「できる」と「ありうる」の意味が生まれる。
③必ず「予想」の意味がある
→canは「ありうる」、mayは「かもしれない」、mustは「にちがいない」のように、助動詞には必ず「予想（参考書では「推量」と書かれます）」の意味がありますが、これが苦手な人が多いんです。
◆理由は上に書いたとおり、中学で“can＝できる”で「canは完全にマスターした」と思い込まされるからなんです。

以上の３点、特に②と③を意識すると「助動詞の全体像」が見えてきて、高校レベルの英語でもつまずかなくなりますよ。

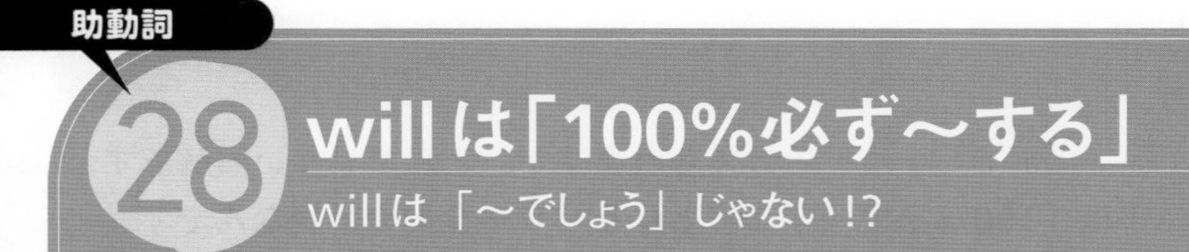

will は「100%必ず〜する」

will は「〜でしょう」じゃない!?

The longest night will have an end.

proverb

長い夜にも終わりはくる。

ことわざ

従来の説明

will は「〜するつもり」「〜でしょう」と訳します。

will の核心イメージは「100％必ず〜する」です。

➡ will はパワー全開の単語なんです。「〜でしょう」なんて弱々しいイメージはありません。その証拠に「名詞」の will を辞書で引くと……。

will はパワー全開

will は、従来「〜でしょう」と教えられますが、とんでもない誤解です。
本当の will は**「100％必ず〜する」というパワー全開の単語**なんです。
その証拠に、辞書で「名詞」の will を引くと「意志」という意味がのっています。

ほかにも「決意・願望・遺言」など、力強い意味ばかり並んでいるはずです。

助動詞 will にもこの「強さ」があり、「100％必ず〜する」って意味になるんです。

I will call her tonight.「今夜は、必ず彼女に電話する」

この文は、will を使って強いキモチを表しています。

I will be thirty next month.「来月で 30 歳になる」

この文が「来月 30 歳になるでしょう」では変ですよね。
日本語の「〜でしょう」はボカす言い方ですね。責任逃れをするときにも使います。

でも will は 100％断定です！

もちろんIt will rain.「必ず雨が降る」と言っておきながらハズれちゃうこともありますが、言ってる本人は自信を持ってるんです！

冒頭のことわざを見てください。

The longest night will have an end.

「終わりはあるでしょう」なんて弱い言葉ではありません。
ホントは「最も長い夜でも、必ず終わりはある」という力強く頼もしいことわざなんです。

高校レベルのwillもあっさり解決

こうやってきちんとwillの核心をつかんでおくと、高校レベルの英文法で「習慣・習性のwill」なんて説明が出てきても、丸暗記することなく「willは100％断定」で解決できちゃうんです。

【従来の説明：習慣・習性のwill】
willには「習慣・習性（〜する習慣・習性がある）」という訳し方があります。

A drowning man will grasp at a straw.

proverb

おぼれる者はワラをもつかむ。

ことわざ

直訳は「おぼれている人は、必ずワラをつかもうとする（習性がある）」です（grasp at 〜「〜をつかもうとする」）。無理に「習慣・習性のwill」なんて覚える必要はないんです。

従来は「willは未来や推量（～でしょう）を表す」と教えるので、それでうまく説明がつかない用法は全部丸暗記なんです。これがプロローグでお話しした「基本がズレている」ということです。みなさんは、正しい基本「willは100%断定」をしっかりアタマに入れてくださいね。

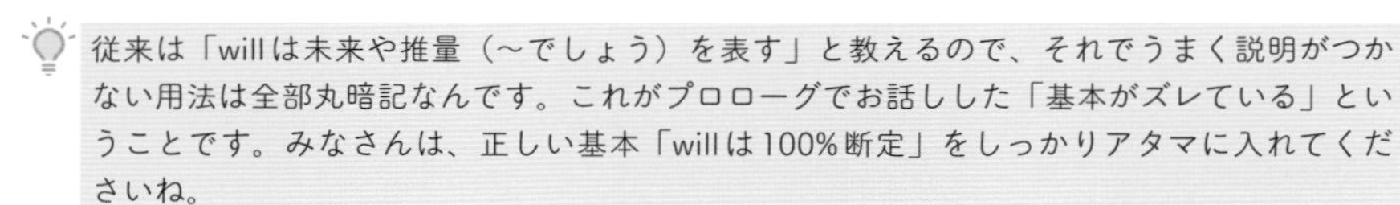

willの否定文・疑問文

willは「助動詞」です。これで否定文・疑問文の作り方はわかりますね。「助動詞」は「動詞ランキングNo. 1」ですから、**「助動詞中心」に作ればOK**です。

「willは助動詞」……この一言で解決できちゃうのが「文法のチカラ」なんです（次の項目のmayもmustも助動詞です。もう否定文・疑問文の作り方は予想がつきますよね）。

【否定文】willの後ろにnot

I will see her.　「彼女に**会うつもりだ**」

↓

I will not see her.　「私は彼女に**会うつもりはない**」

【疑問文】willを文頭に出す

You will be busy tomorrow.　「あなたは明日、**忙しい**」

Will you be busy tomorrow?　「あなたは明日、**忙しいの？**」

—Yes, I will.　「はい、忙しいです」

—No, I will not.　「いいえ、忙しくないです」　will not = won't

ちなみに、will notの短縮形はスペルがかなり変わってwon't（ウォウント）になります。willは何百年も前はwolというスペルでした。wol + not → won'tだったのが、そのまま現代まで残っているんです。

日常会話で大活躍するwill

最後に1問、英作文をやりましょう。下線部を英語にしてください。

（お店にて）「では、私はそれを買います」

「一般動詞の現在形」を最初に勉強するので、どうしても現在形ばかりが出てきてしまうものですが、実際の会話では、現在形よりもwillのほうがよく出てきます。

△）I buy it.

この問題で「現在形buy」を使うと不自然です。
「現在形」は「現在・過去・未来形」でしたね（140ページ）。だから「（昨日も今日も明日も）いつもそれを買う」って意味になっちゃうんです。
この場合はwillがベストです。

◎）I will buy it.

中学校からずっと、willは「～でしょう・～するつもり」という訳で習ってしまうので、「買うつもりです」なら誰でもwill buyが使えるんですが、「買います」という日本語だと、みんなひっかかっちゃうんです。このwillがパッと出てくるようになると、実はかなりの上級者の仲間入りです。

ここがポイント！

willは「100％必ず～する」という
パワー全開の単語！

mayは「可能性・予想50%」

日本語の「かも」とmayの違い

Self-conceit may lead to self-destruction.

Aesop

うぬぼれていると、自滅するかもしれない。

イソップ

従来の説明

mayは「～してもよい」「～かもしれない」と訳します。

英語の核心

mayの核心イメージは「50％」です。

➡mayは「～してもよい」「～かもしれない」という訳だけ覚えても、どのくらいの「してよい感じ」なのか、どのくらいの「かも」なのかわかりません。「mayは50％」を知っていれば「オススメ度50％」「予想率50％」だとわかって、ネイティブが使うmayの感覚がドンピシャで理解できるようになります！

may は「50%」

今回はmayという助動詞です。**mayの核心イメージは「50％」**です。
そこから「〜してもよい」「〜かもしれない」という２つの意味が生まれます。

You may go there.「そこへ行**ってもよい**」

mayの「〜してもよい」という訳し方だけを覚えても、You may go there. の本当の意味はわからないんです。

mayは「オススメ度50％」ですから、「行ってもいいし、行かなくてもいい」という意味なんです。けっこう投げやりな感じですね。

日本語の「かも」と英語のmayは全然違う

It may rain tomorrow.「明日は雨**かもしれない**」

ここはかなり注意が必要です（日本人の大半の人が気づいていません）。
日本語「かも」はどんな可能性でも使えるんです。

たとえば、雨雲を見ながら「やべえ、雨降るかも」って言えば80％くらいある感じですよね。
でも海外行くときに「パスポートなくすかも。コピー取っとこ」は、どんなおっちょこちょいな人でも80％は言い過ぎですよね。

日本語は「空気を読む文化」ですから、相手が使った「かも」が何％か「察する」必要があるんです。
でも英語はハッキリしてます。**mayを使えばズバリ「50％」**なんです！

冒頭のイソップ童話の作者イソップの言葉を見てください。

Self-conceit may lead to self-destruction.

「うぬぼれは自滅につながるかもしれない」という意味です。

self-conceit「うぬぼれ」、lead to ～「～につながる」、self-destruction「自滅」という意味です。

日本語の「かも」は何％にでも解釈できますが、英文のほうはmayがあるので50％です。「うぬぼれると自滅するかもしれない（し、自滅しないかもしれない）」という、慎重というか弱気というか……。
少なくともイソップは「あくまで半々だけどね」というニュアンスで言っ

てるんです。

こういう解釈ができると、「英文法の威力」を実感できると思います。

会話で使うMay I ～?

mayの否定文はあまり使われませんから割愛します。

もちろん否定文も疑問文も「助動詞中心」に作ればOKです。

ただ、**May I ～?「～してもいいですか？」**という疑問文だけはよく使われますので、チェックしておきましょう。

May I go home?「帰ってもよろしいでしょうか？」

may「許可（～してよい）」の意味が疑問文になっただけです。
相手に許可を求める、とても丁寧な言い方です。

ここがポイント！

mayは「50％」！
「～してもよい」は「オススメ度50％」、
「～かもしれない」は「予想率50％」!!

Part 5
助動詞

助動詞

30 mustは「プレッシャー」

「そう考えざるをえない」から「～にちがいない」が生まれた

Stupidity is also a gift of God, but one mustn't misuse it.

Pope John Paul II

愚かさも神から与えられたものである。
でもだからといって間違った使い方をしてはならない。

ヨハネ・パウロ２世

従来の説明

mustは「～しなければならない」「～にちがいない」と訳します。

英語の核心

mustの核心イメージは「プレッシャー」です。

➡mustは、「～しなければならない」ってプレッシャー、「そう考えざるをえない→～にちがいない」というプレッシャーの意味です。

mustは「プレッシャー」

今回はmustという助動詞です。
mustの核心イメージは「プレッシャー」です。

I must go.「行かなきゃ」

何かしらの理由に背中を押されて（プレッシャーを感じて）、「もう行かないといけない」って感じです。

She must be sick.「彼女は病気にちがいない」

彼女のやつれた顔を見て、どう考えても病気と思わざるをえないというプレッシャーから「病気にちがいない」と発言してるわけです。

must notは「禁止」

mustの否定文・疑問文は、例によって**「助動詞中心」**でOKです。

実際、疑問文はめったに見かけないので、否定文だけ確認すれば十分です。
否定文**must not** ～「**禁止**（**～してはいけない**）」はよく使います。

【否定文】mustの後ろにnot

You must read this book.　「この本を読まなきゃいけない」

↓

You must not read this book.「この本を読んではいけない」

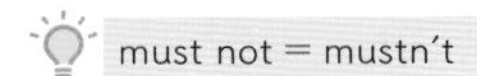
must not = mustn't

must notが「禁止表現」になる理由はすごく難しいので、これだけは覚えたほうが早いと思いますが、理由が気になる方だけ目を通してください。

まず、日本語訳で考えるとドツボにはまります。
「しなきゃいけない」の否定は「しなくてもいい」と思っちゃうからです。
正しい考え方は……must readは「読むことが義務」です。
否定must [not read] は「[読まないこと] が義務」→「読むのは禁止」になるんです。

冒頭のヨハネ・パウロ２世の言葉を見てみましょう。

one mustn't misuse it.

「人はそれ（愚かさ）を誤用してはいけない」という意味です。

oneは「人」、misuseは「誤用する」（mis + use）という意味です。

ここがポイント！

mustは「プレッシャー」！
must notは「禁止」！！

助動詞

31 shall / should / had better の誤解

「意志」「当然」「脅迫」のイメージが強い助動詞たち

I shall return.

Douglas MacArthur

オレは必ず戻ってくる。

ダグラス・マッカーサー

従来の説明

shallはwillより強い助動詞です。shouldは「～するべき」、had betterは「～したほうがよい」と訳します。

英語の核心

shallの核心イメージは「運命・神の意志」、shouldは「本来ならば～するのが当然」、had betterは「脅迫」です。

➡shallに込められた「神の意志」が読み取れるとネイティブのキモチがよ～くわかるようになります。また、shouldとhad betterはまったく反対のイメージで教えられることが多いので要注意です！

shallは「運命・神の意志」

shallは、willよりさらに強い意味と教えられることもあります。
これも間違いではありませんが、**shallの核心イメージは「運命・神の意志」**なんです。

冒頭のマッカーサーの言葉を見てください。

I shall return.

第二次世界大戦中、フィリピンで日本に負けたマッカ－サーが残した言葉です。
I will return. と言えば「必ず戻ってくる」という意味で、これはこれで力強い言葉です。

willは「100％必ず～する」という意味でしたよね。

でも、shallはさらに突き抜けます。
shallは「運命・神の意志」ですから、「ここに戻ってくるのは運命で決まっている。神の意志だ」という、willよりもさらに強い意味になるんです。

その後、マッカーサーは勢力を盛り返し、GHQ最高司令官になった、なんて歴史の授業で習ったかもしれません。

提案するなら、Shall I ～？とShall we ～？

神の意志を表すshallは、多少仰々(ぎょうぎょう)しくて、実際の会話ではあまり出てきません。
ただし、**Shall I ～？／Shall we ～？「～しましょうか」**という決まり文句だけは、日常会話にどっぷり入り込んでいるので、これはよく使われます。

Shall I open it?　「それを**開けましょうか？**」
Shall we play tennis?　「テニスを**しませんか？**」

このShall I ～？／Shall we ～？は、本来「～するのが運命でしょうか？」→「(運命ならば) ～しましょうか？」という「提案表現」になったんです。

shouldは「本来ならば～するのが当然」

shallの次はshouldです。
こちらはよく使われるので見覚えがある人も多いでしょう。
従来、shouldは「～するべき」という訳し方しか習いませんが、これでは２つ大事な点が見落とされてますので、今からちゃんと解説していきます。

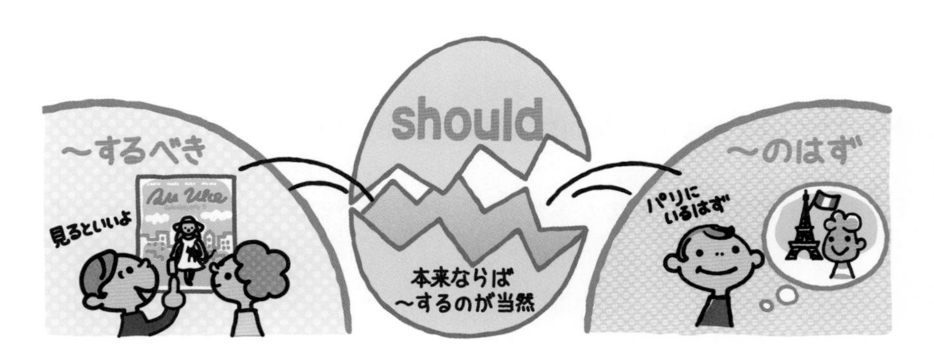

shouldの核心イメージは「本来ならば～するのが当然」です。

You should see the movie.「その映画**見るといいよ**」

「本来ならば〜するのが当然」→「〜するべき・〜したほうがいい」という意味が生まれます。これ、ほとんどの人は「するべき」しか習わないので、なんか怒っている・説教っぽいような単語だと思わされちゃうんですが、「〜したほうがいい」という意味でよく使われますし、目上の人にも使ってOKなんです。

【参考】shouldが命令ではなく、本当はもっとソフトな感じになる理由は、高校レベルの「仮定法」という考え方が必要なんです。はしょって説明しますので、わかる範囲で結構です。実はshouldは、もともとshallの過去形です。「助動詞の過去形は仮定法の目印」になり、「仮定（〜ならば）」ってニュアンスが入るんです。だからshouldの核心イメージは「神様の意志に従うならば（本来ならば）〜するのが当然」っていう意味になるんです。

shouldには「はずだ」という意味もある

従来の中学文法では、shouldは「すべき」だけで、「はずだ」という意味は、高校英語で習うことになっています。
でも、中学の段階で「shouldは『するべき』」という意味が頭に残るので、後で「はずだ」を覚えるのに苦労します。
本来、助動詞には「予想」の意味がある（150ページ）ので、shouldにも当然「予想」の意味があるわけですし、一緒に覚えたほうが絶対、後々ラクですよ。**shouldの核心イメージ「本来ならば〜するのが当然」→「〜のはず」**の意味になりました。

He should be in Paris.「彼はパリに**いるはずだ**」

「本来ならばパリにいるのが当然」→「パリにいるはず」という意味です。

had betterは脅迫!?

shouldのように誤解されているのがhad betterです。
had betterは、従来「～したほうがいい」とだけ習いますが、本当の意味は、「～したほうがいい（じゃないと後で大変だぞ）」で、脅迫になる可能性があるんです。

ですから、従来のshould「～するべき」、had better「～したほうがいい」のイメージを入れ替えたほうがいいでしょう。

You had better do it.
「それを**したほうがいい**（じゃないと後で大変だぞ）」

ここがポイント！

**shallは「運命・神の意志」、
shouldは「本来ならば～するのが当然」、
had betterは「～したほうがいい（じゃないと後で大変だぞ）」という意味！**

Part

6

命令文／There is ～ 構文

よく使われるのに
くわしく教えられなかった超重要分野！

Part 6 の全体像

命令文 【めいれいぶん】

文字どおり「〜しなさい」と「命令」すること。
名前も文法もシンプルなので、単純な分野だと思われているが、従来「命令文」ほどいい加減に教えられてきた単元もない。実際の日常会話や広告では「優しい感じ」の命令文が多用されるのに、それについて説明されたことは一切ないので、177ページから力説。

「命令文」のポイント

❶ 命令文の基本
（動詞の原形で始める）
を知る

❷ 日常会話で多用される
「優しい命令文」を知る

There is ～ 構文【ぜあいずこうぶん】

There is ～「～がある」というお決まりパターンなので、そのままの名前がつけられた。英語の世界で「構文」という言葉はよく使われるものの、ハッキリした定義はないが、「文の構造・文の形」ぐらいに考えておけば問題ない。ちなみに、There isを「ゼアイズ」ではなく「ゼアリズ」（There is）とくっつけて発音すると、慣れた感じを醸(かも)し出せる。

「There is ～ 構文」のポイント

❶ There isの「意味」だけでなく、その後ろにくる「新情報」という「特徴」も押さえる

32 命令文は「動詞の原形」で始める

なぜ動詞の原形を使うの?

Open, Sesame!

Ali Baba and the Forty Thieves

開け、ゴマ！

『アリババと40人の盗賊』

従来の説明

「命令文」は「動詞の原形」で文を始めます。
pleaseをつけると丁寧になります。

英語の核心

「命令文」は「動詞の原形」で文を始めます。
please・justをつけると、少しだけソフトになります。

➡従来は「pleaseをつけると丁寧になる」と言われますが、ほんの少しソフトになるだけで、あくまで「命令」です。また、pleaseと同じくらい大事なのに、全然教わらないのがjustです。さらに、「なぜ命令文は動詞の原形を使うのか？」まで説明します。

文頭に「動詞」がきたら命令文

英語は「主語＋動詞」の語順にするのが決まりです。でもこれが守られないパターンが1つだけあって、いきなり動詞で始まるときです。
これを「命令文」と言い、**「動詞の原形」で文を始め、「〜しなさい」という意味**になります。

Open the window. 「窓を**開けなさい**」

また、You open the window. のYouを省略して、Open the window. にすれば命令文になる、という説明もできます。

 命令する相手はYouに決まっていますね。

You open the window. 「あなたは窓を**開けます**」

↓ Youを消す

~~You~~ Open the window. 「窓を**開けなさい**」

be動詞の場合も「動詞の原形で始める」わけですから、"Be" で始めます。

You are quiet. 「あなたは静か**です**」

↓ Youを消す／are→beに！

~~You~~ Be quiet. 「静かに**しなさい**」

please・justで「やわらげる」

命令文は響きがキツいので、please・justを文頭に置くと、少しだけソフトになります。

Please open the window. 「窓を開けてください」

pleaseは文末に置くこともできます。例：Open the window, please.

Just wait a moment.「ちょっと待ってください」

このJust wait a moment. からwaitが省略されて、よく使うJust a moment. が生まれました。

please・justをつけても、命令文には変わりないので、目上の人には使わないほうがいいでしょう。
ちなみに、pleaseはどこでも習いますが、「justを命令文の前に置く」ということは、なぜかスルーされています。でもjustは、日常会話でホントによく使います。

「～するな」という命令文

「～しろ」ではなく、**「～するな」という「否定の命令文」は、最初にDon'tをつけます。**

Don't open the window.「窓を**開けるな**」
Don't be shy.「遠慮**するな**」

be動詞の場合、本当は「be動詞の後ろにnotを置く」はずですが、命令文の場合「とにかく先にnotを置きたい。でもセレブ階級（be動詞）の前にnotが出ていくわけにはいかない……」というジレンマの中、Don'tを使うという荒業（あらわざ）に出ます。

Don'tとbeの組み合わせは、この「命令文」だけで起こる現象です。

なぜ命令文は「動詞の原形」なの？

最後に「なんで命令文は動詞の原形で始めるの？」という疑問にお答えします（少し難しいので、キツければここは流してもOKです）。

英語の世界では**「まだ起きていない」ことには「原形を使う」**という考え

があります。命令する内容は、当然まだ起きていませんね。

座ってる人に「座れ」とは言わないですよね。

「動詞の原形（まだ起きていない行為）を相手に言う」→「相手にその行為を命令する」という流れです。

You open the window. のopenは「原形」ではなく「現在形」です。「現在形」ですから、「あなたは（昨日も今日も明日も）窓を開けます」という意味です（140ページ）。

正直、中学英語では、この「原形はまだ起きていない」という知識はあまり重宝しませんが、今後高校レベルの英語を勉強するときに役立つんです。たとえば、The hotel guest demanded that his suitcase be taken to his room.「ホテルの客は、スーツケースを部屋に運ぶよう頼んだ」という文で、いきなりbeが出てきても、「（これから運ぶように）命令してるんだな」とわかるんです。

ただ丸暗記するのではなく、「きちんと」中学英語に取り組んでおくと、今後の学習がラクになるんです。

冒頭の『アリババと40人の盗賊』の英文を見てみましょう。

Open, Sesame!

有名な「開け、ゴマ！」です。

動詞の原形Openで文が始まっていますね。

ちなみに、sesameは「ゴマ」って意味です。

なんで「ゴマ」なのかはいくつか説があります。1つは、昔はゴマが貴重だったので、大切な物を隠す場所に「ゴマ」という呪文を使ったという説。また、ゴマは熟すと、中から種がはじけ出て開くので、「ゴマ→開く」となったという説などがあります。

ここがポイント！

「命令文」は「動詞の原形」で始める！

命令文

33 命令文は「そうすべき」を表す

日常会話で多用される「優しい命令」

"Come and play with me," the little prince proposed. "I'm feeling so sad."

Le Petit Prince Antoine de Saint-Exupéry

「一緒に遊ぼうよ。さみしいもん」王子さまは言いました。

『星の王子さま』 サン・テグジュペリ

従来の説明

「命令文」は「～しなさい」という命令調です。

英語の核心

「命令文」は「こうするのは避けられないでしょ」ってキモチで使われます。必ずしもキツい感じではない「優しい命令文」も日常会話にはたくさんあるんです。

➡広告の "Visit our website!" も、飛行機の "Fasten your seatbelt." も「命令」って感じはしませんよね。ネイティブが使う命令文の本当のキモチを解説します！

命令文は「そうすべき」というときに使う

前回、命令文の基本を説明しましたが、ここからがこの本の真骨頂です。実際の命令文は、本でも映画でも日常会話でも「全然キツくない」「そもそも命令じゃなくない？」って場面がいくらでもあるんです。

Have a seat.　「座って」
Turn right at the corner.「その角で右折ね」

こういうセリフが日常会話では**「優しい感じで」使われます。**

Fasten your seatbelt.「シートベルトをお締めください」

飛行機に乗ればこう書いてあります。
どの文も「命令」ってほどキツい感じはしないですよね。

実は命令文って、必ずしも「命令じゃないとき」にもガンガン使われるんです。**「状況から判断して"そうすべき"だと思うよ」ってときに使う**んです。

世に出ている参考書すべてで「命令文」という用語を使っていますので、ボクも普段は「命令文」と言いますが、ここから少し「英語の本質」を探っていきます。

そもそも「命令文」は英語学の世界で“the imperative mood”という名前がつけられています。imperativeを辞書で引くと、一番上に「避けられない」がのっているはずです。

つまり**ネイティブは「この状況では、こうするのが避けられないでしょっ！」というキモチで「命令文」を使う**んです。

ちなみにthe imperative moodの“mood”は「キモチ」という意味です。「ムード」じゃありませんよ。

日常会話で使われる「優しい命令文」

ですから、「自分が座って、相手にも座って話を聞いてほしいとき」は「この状況では座るべき」というキモチでHave a seat. を使います。
「目的地に行くには、角で右折が避けられない」というキモチでTurn right at the corner. を使います。

そして飛行機では「シートベルトを当然締めるべき」なのでFasten your seatbelt. になるわけです。
広告でも命令文はよく使われます。

Visit our website!「ぜひウェブサイトにお越しください！」

「素晴らしい商品がめじろ押しなので、サイトを絶対にチェックすべき」というキモチなんです。

冒頭の『星の王子さま』の言葉を見てみましょう。

"Come and play with me," the little prince proposed. "I'm feeling so sad."

これを「こっちに来て僕と遊べよ」と言うのは、ちょっと不自然ですよね。

その後にI'm feeling so sad.「さみしい」って弱音吐いてる人が「遊べよ」とは言わないでしょう。

「僕はすごくさみしい。この状況では、君は僕と遊ぶのがいいよ。だから遊んでよ」ってキモチなんです。

以上のように、「提案・掲示板・広告」など、日常のいたるところで命令文を目にします。だからこの**「避けられないでしょ」という感覚**を身につけると、確実に英語の世界が変わってきますよ！

ここがポイント！

命令文の核心は「避けられない」キモチ！
日常会話でもやたら使われる！

34 “There is ～” で新情報を提供する

だからa・someが後ろにくる

There's a way to do it better — find it.

Thomas Edison

いつだってもっとうまくやれる — その方法を見つけよ。

トーマス・エジソン

従来の説明

There is ～ は「～がある」と訳します。

英語の核心

There is ～「～がある」は必ず「新情報」を提供します。There isの後ろには「新情報（aやsomeなどがついた名詞）」がきます。

➡従来のように、ただ「～がある」という訳し方だけ覚えると、中1レベルの問題でもミスをします。論より証拠、次ページの英作文をやってみてください。

There is ～を「～がある」と覚えると……

まずは下の英作文をやってみてください。

「机の上にそのペンがある」

ボクが学生のとき働いていた塾で、中1の生徒が質問に来ました。
「テストでThere isを使ったらバツにされました。なんで？？」って。

×）**There is the pen on the desk.**
◎）**The pen is on the desk.**

この場合はThere isではなく、普通にThe pen isで始めるんです。
ではなぜThere is ～ だといけないのでしょうか？

「知らない」情報が文頭にくると「戸惑う」

まずはA pen is on the desk. という文から考えてみましょう。
この英文、決して間違いじゃありませんが、少し「いきなり感」があります。
A penは「（たくさんのペンの中からどれでもいい）1本のペン」という意味で、どのペンを指すか特定できない「新情報」です。

情報を伝えるとき、**「旧情報（すでに知っていること）→ 新情報（まだ知らないこと）」という流れが一番自然**です。

△）「ミルコが勝った」
新情報

いきなり「ミルコ」と言われても、知らない人にはあまりに唐突ですよね。

◎)「総合格闘技でミルコが勝った」
旧情報 → 新情報

「総合格闘技」は多くの人が知っているので「旧情報」で、これを先に言えば相手も「あ〜格闘家の名前ね」とわかるわけです。
もし「総合格闘技」も知らない相手には、「総合格闘技」が「新情報」ですので、以下のように説明するはずです。

◎)「プロレスなどの格闘技の１つである総合格闘技でミルコが勝った」
旧情報 → 新情報

「いきなり新情報」を出されるのは違和感があるんです。

There is 〜 は「新情報」がくる目印

英語でも、いきなりA pen（新情報）は避けたいわけです。
新情報は「後まわし」にしたいので、A pen を後ろに持っていき、空いたところにThereを使うようになったんです。

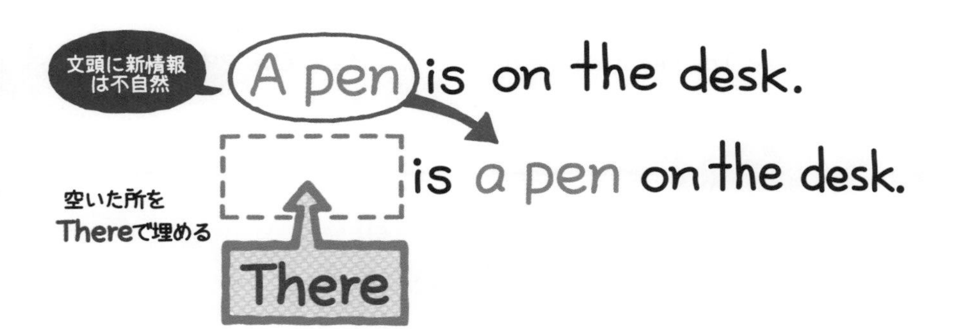

こうやってThere is 〜 が生まれたんです。

空白を埋めるだけのThereです。本来thereは「そこで」という意味ですが、このThere is ～構文では訳しちゃいけません。

💡もし「そこにペンがある」ならThere is a pen there. になります。

つまり**There isは「これから新情報を言いますよ～」っていう「目印」**なんです。だからThere isの後ろには必ず「新情報（aやsomeなどがついた名詞）」がくるわけです。

冒頭のエジソンの言葉もThere isの後ろにa wayがきていますね。

There's a way to do it better「もっとうまくやる方法がある」

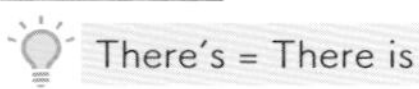
There's = There is

There is the ～ が不自然な理由

最初の中学生の質問は、「机の上にそのペンがある」ですから、
×）There is the pen on the desk. はおかしいんです。

the pen「（お互い共通に認識できる）そのペン」は「旧情報」です。
There isで「新情報がきますよ～」って合図しておきながら、「旧情報（the ～やmy ～など）」がきちゃいけないんです。
ですから、◎）The pen is on the desk. とすればOKなんです。

ここがポイント！

There is ～ は「新情報」の目印！
後ろにはaやsomeなどがついた名詞がくる!!

比　較

比べるのに使うas ～ as、比較級、最上級

Part 7 の全体像

原級 【げんきゅう】

動詞の元の形を「原形」と言うのに対して、形容詞・副詞の元の形を「原級」と言うが、この用語はもはやどうでもいいので無視しましょう。「原級を用いた同等比較」と言えばクールな雰囲気を醸し出せるが、この本では“as 〜 as ...”の形と言っています。

比較級 【ひかくきゅう】 最上級 【さいじょうきゅう】

２つのものを比べるときに使うのが「比較級」、３つ以上が「最上級」。

「比較」のポイント

❶ “as 〜 as”の特徴と、“not as 〜 as ...”の意味を確認

❷ 比較級・最上級の作り方をシンプルに頭に入れる

❸ 最上級でtheを使う理由と「ofとinの使い分け」をチェック

比較

35 as ～ asの意味

as ～ asは「同じ」じゃない!?

Her home was almost as cold as the street.

The Little Match-Girl Hans Christian Andersen

少女の家は、外と変わらないくらいに寒かった。

『マッチ売りの少女』 アンデルセン

Part 7 比較

従来の説明

as ～ asは「同じ～」という意味です。
not as ～ as ...は、「同じではない」ではなく、「…ほど～でない」と訳すのが決まりです。

英語の核心

実は"as ～ as"は「同じかそれ以上」って意味なんです。

➡この事実は、日本人の99.9％は知らないので、誰もが最初は疑うと思いますが、ちゃんと証明していきます。それがわかると、not as ～ as ...が「同じではない」だとダメで、「…ほど～でない」という意味になる理由がわかるんです！

as ～ asで「比べる基準」を「挟む」

「同じくらい」と言いたいときはas ～ asを使います。

She is tall.「彼女は背が高い」

この文にas ～ asをくっつければOKです。
「比べる基準（この場合はtall）」をas ～ asで挟みます。
「比べる相手」はas ～ asの後ろに置きます。

She is tall.「彼女は背が高い」
She is as tall as Tom.「彼女はトムと**同じくらいの**背の高さだ」

as ～ as ...「…と同じくらい～だ」という意味です。
意味を取るときは次のようなイメージができればバッチリです。

She is as tall ／ as Tom.
彼女は同じくらい背が高い／ トムと

ほかの例文も見てみましょう。

She runs fast.「彼女は速く走る」
She runs as fast as Tom.「彼女はトムと**同じくらいの**速さで走る」

not as ～ as ...は「同じじゃない」と訳さない

次にas ～ asの否定文です。not as ～ as ... の形になりますから、つい「同じじゃない」と訳しちゃいそうですが、これは**「…ほど～じゃない」**という意味になるんです。

She is not as tall as Tom.

×）「彼女はトムと同じ背の高さじゃない」
◎）「彼女はトムほど背が高くない」

このnot as 〜 as ... は「…ほど〜じゃない」という意味だ、と覚えてしまえば困ることはありません。
でも「なんで『同じじゃない』と訳しちゃいけないのか」という理由を説明します。

少し複雑なので、「とりあえずこれは覚えたほうが早い」と思えば、以下は読み飛ばしてもOKです。ただ、ボク自身中学のときからずっと疑問で、しかも今までボクが読んだ2000冊以上の英語の本には、その理由が一切書いてなかったので、ここで解説していきたいと思います。

as 〜 asのホントの意味は「同じかそれ以上」

as 〜 asを「同じ」と習うことが多いのですが、正確に言うと間違いなんです。今回ボクは「同じくらい」と訳してきました。

「同じ」と「同じくらい」は違いますよ！

as 〜 asのホントの意味は「同じ、もしくはそれ以上」なんです。
実は、**A is as 〜 as B.「AはBと同じかそれ以上〜だ（A ≧ B）」**なんです！

これは、英検1級だろうがTOEIC満点だろうが日本人の99.9％は知りませんので、誰もが最初は疑います。では今から証明していきます。

Part 7
比較

as ～ asが「同じかそれ以上」だという証拠として、次の熟語があります。

A as well as B「BだけでなくAも（= not only B but also A）」
A　　　≧　　　B

この熟語は「as ～ asだけどイコール（=）ではなく、イコールつき不等号（≧）の意味になる」と覚えさせられる熟語です。

She gave him money as well as food.
お金　　　≧　　　食べ物

この文は「彼女は彼に、食べ物だけじゃなくお金まで与えた」という意味で「お金」のほうが強調されるんです。
「なんで？」と質問しても「それは決まり。熟語だから」で済まされてきましたが、**実はas ～ asが「イコール（=）ではなく、イコールつき不等号（≧）」という証拠**になる表現だったんです。

not as ～ as ... が「…ほど～じゃない」になる理由

A is as ～ as B.「AはBと同じかそれ以上（A ≧ B）」です。
否定文のA is not as ～ as B. は「AはBほど～じゃない（A < B）」になります。

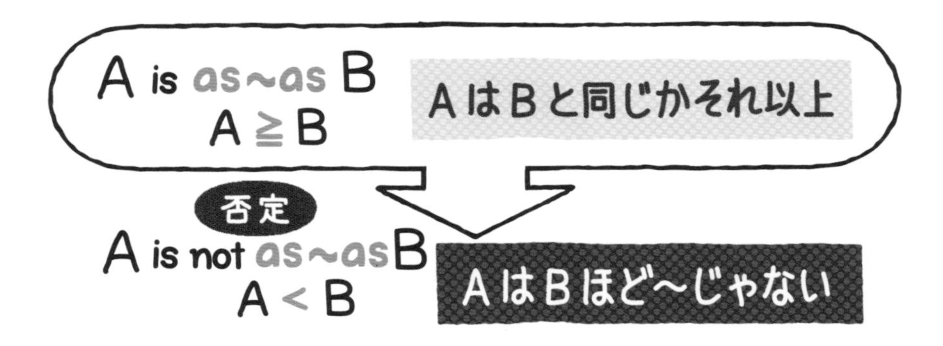

「A ≧ B」を否定すると、「A ＜ B」になるんです。
もしピンとこなければ、具体的に数字を入れればカンタンです。
たとえば、「Aさんは1000円以上持ってる（A ≧ 1000）」の否定は、「Aさんは1000円以上は持っていない。つまり1000円未満（A ＜ 1000）」になりますね。

以上から、「A ≧ 1000」の否定は、「A ＜ 1000」です。
つまり**「A ≧ Bの否定は、A ＜ Bになる」**わけです。

ですからA is not as ～ as B. は「A ＜ B」を意識して「AはBほど～じゃない」という意味になるんです。

This book is not as interesting as that book.

This book ＜ that book、つまり「この本はあの本ほど面白くない」になるんです！

Part 7
比較

ここがポイント！

as ～ asは「同じ」じゃない！
実は「同じかそれ以上（≧）」って意味！！

比較級

36 「より〜だ」という言い方

比較級を作るときに迷ったら……

Done is better than perfect.

Mark Elliot Zuckerberg

うまくなくていい。行動した奴の勝ち。

マーク・エリオット・ザッカーバーグ

従来の説明

比較級にする場合、-erをつけます。
「語尾が短母音＋子音」なら子音字を重ねて-erをつけます。
また、「一部の２音節の単語と３音節以上の単語」はmoreをつけます。

英語の核心

比較級にする場合、-erかmoreをくっつけます。

➡細かいルールは次のように整理するとカンタンです。
「語尾が短母音＋子音」で出てくるのはbig・hotだけ。
「一部の２音節の〜」は、「長い単語」って考えれば十分です。「長い単語」とは「６字以上」で、これに入らないのはprettyとstrongです。これで困ることはまずありません！

-er か more をつけて比較級にする

日本語の場合、「彼女は背が高い」と「彼女は彼より背が高い」という文では、「背が高い」という単語自体は何も変化していません。「高い」は「高い」のままです。
でも英語では、「(〜より) 背が高い」というときは、tallという単語が微妙に変化して**taller**になります。これを「比較級」といいます。

【「比較級」に書き換える ①:"-er than ..." を加える】

She is tall. 「彼女は**背が高い**」
She is taller than Tom. 「彼女はトム**より背が高い**」

He runs fast. 「彼は**速く**走る」
He runs faster than Nancy. 「彼はナンシー**より速く**走る」

また、長い単語(たとえばdifficult)には、-erをつけるのではなく、直前にmoreをくっつけます。**more difficult**「もっと難しい」になります。

【「比較級」に書き換える ②:"more 〜 than ..." を加える】

This book is difficult.
「この本は**難しい**」
This book is more difficult than that book.
「この本はあの本**より難しい**」

比較級・最上級の作り方

「比較級」と「最上級」（次のテーマでやります）の作り方は、原則**「-er・-estをつける」、長い単語には「直前にmore・mostをつける」**です。
厳密には、次の表のようになります。

比較級・最上級の作り方

パターン	比較級・最上級の作り方	例
基本原則	-er・-estをつける（eで終わるときは-r／-stだけ）	tall - taller - tallest wise - wiser - wisest
語尾が“子音＋y”	y→iに変えて-er・-est	easy - easier - easiest
語尾が“短母音＋子音”	子音字を重ねて-er・-est	big - bigger - biggest hot - hotter - hottest ◆よく使うのはbig・hotだけ
長い単語	直前にmore・mostをつける	famous - more famous - most famous

「語尾が“子音＋y”ではy→iに変えて-er・-est」はおなじみの“y→i”にするルールですね（127ページ）。
これはもう楽勝でしょう。

「語尾が“短母音＋子音”のときは子音字を重ねて-er・-estをつける」というルールがありますが、**実際に目にするのはbigとhotだけ**です。

また、最後の「長い単語」は、従来はやたら厳密に「一部の２音節（おんせつ）の単語と３音節以上の単語」という説明がされてきました。
確かに正確に説明するには、「音節」なんていう専門用語を使わないといけないのですが、そんなものを普通の英語学習者が覚える必要はありませんので、もっとカンタンに説明してみます。

ズバリ**「スペル６字以上」は「長い単語」**と考えてください。
たとえば、famousは、**more famous・most famous**になります。
「６字以上なのに長いグループに入ってない」のはpretty（prettier-prettiest）とstrong（stronger-strongest）です。

ほかにもbright・bitter・narrow・simpleがありますが、英語の仕事をしているボクだって、simplerに出合ったのは数回だけ。bittererなんて見たことありません。とりあえず「６字以上は長い。prettyとstrongだけは別」と覚えておけば、多分一生困ることはありません。

比較級・最上級の不規則変化

比較級・最上級は、原則-er・-estをつけるだけですが、形が思いっきり変わる「不規則変化」もあります。

比較級・最上級の不規則変化

元の形	比較級	最上級
good well	better	best
many much	more	most

この不規則変化は、普段やたら使う単語ばかりで重要です。
でも少しだけしかありませんし、better・bestは聞き覚えがあるのでカンタンでしょう。
ただし、more・mostだけはきちんと整理しておいてください。
more・mostには２種類あります。

【more・mostの整理】
①長い単語を比較級・最上級にする
例：more interesting
②manyとmuchの比較級・最上級
例：more friends（元はmany friends）

冒頭のマーク・ザッカーバーグ（Facebookの創始者）の言葉を見てみましょう。better（goodの比較級）が使われています。

Done is better than perfect.

「Done（終えること）はperfectよりbetterだ」→「まずは終えることのほうが、完璧を目指すことより優れている」という意味です。

ここがポイント！

比較級は、-erかmoreをくっつける。
-erで注意するのはbig・hotだけ！
「長い単語」とは「6字以上」で、
これに入らないのはprettyとstrong！！

最上級

37 「一番〜だ」という言い方

「theがつく理由(わけ)」「ofとinの使い分け」

The best and most beautiful things in the world cannot be seen or even touched. They must be felt with the heart.

Helen Keller

この世で最も優れていて美しいものは、見ることも、触ることもできません。それは心で感じ取らなければいけません。

ヘレン・ケラー

従来の説明

最上級は、the -estかthe mostの形になり、theがつきます。
「〜の中で」という意味で、ofとinの区別は、「of＋複数を示す語句」「in＋範囲・場所を示す語句」になります。

英語の核心

最上級は、the -estかthe mostの形にします。
theがつくのは「一番〜だ」と言えば、必ず「共通認識」できるからです。ofとinの区別は、「数字」かallがあればof、それ以外ならinです。

➡theがつく理由も、ofとinの区別もカンタンにわかりますよ！

-estかmostをつけて最上級にする

３つ以上のものを比べて「一番〜だ」というときは「最上級」を使います。**最上級には、the -estかthe mostをくっつけます。**

【「最上級」に書き換える①："the -est" にする】

She is tall.　「彼女は**背が高い**」

She is the tallest in her family.　「彼女は家族の中で**一番背が高い**」

He runs fast.　「彼は**速く**走る」

He runs the fastest of the three.　「彼は３人の中で**一番速く**走る」

比較級と同じように、長い単語（６字以上）には、直前にthe mostをくっつけます。

【「最上級」に書き換える ②："the most 〜" にする】

This book is difficult.

「この本は**難しい**」

This book is the most difficult of all.

「この本はすべての中で**一番難しい**」

冒頭のヘレン・ケラーの言葉には、最上級が２つあります。

good → The best、beautiful → （the） most beautifulになっています。文頭のTheは、bestとmost beautifulに共有されています。

The {best / and / most beautiful} things in the world

最上級にtheがつく理由（わけ）

比較級と違って、**最上級には必ずthe**をつけます。
これは昔から「決まり事」として言われてますが、ちょっと考えればカンタンで当たり前のことなんです。
たとえば「家族で一番背が高い」と言えば、「せ〜の……」で指させますよね。

みんなで指させる（共通認識できる）ときにはtheを使うんでしたよね（40ページ）。だから最上級にはtheがつくんです。

ofとinの使い分け

従来の参考書は「of＋複数を示す語句」「in＋範囲・場所を示す語句」という説明ですが、次のように考えたほうがカンタンです。

【「～の中で」のofとinの使い分け】

①ofを使う場合：「数字」かallがあるとき

of＋**数字**「（数字）の中で」／of all「すべての中で」

◆例外：of the year「1年の中で」 the year＝twelve monthsなので、「12」という数字が意識されるため。車のCMで「カー・オブ・ザ・イヤー受賞」って聞いたことがある方も多いでしょう。

② inを使う場合：上記以外の場合

in my family「家族の中で」

ここがポイント！

最上級には、the -estかthe mostをくっつける！
theは「共通認識」!!

不定詞・動名詞・分詞

動詞が「ほかの品詞」に変わったもの

Part 8 の全体像

不定詞 【ふていし】

「定まらない詞（ことば）」なんて一見わかりやすいようで、何だかわかんない名前がつけられた結果、日本人の英語ギライを生み出した用語。「主語の人称・数・時制によって形が定まらない」という意味（たとえば、主語がheで現在形なら、動詞はgoesに「定まる」)。ただ、こんな説明を覚えるより、“to＋動詞の原形” は「名詞・形容詞・副詞の働きになる」と理解するほうがよい。

動名詞 【どうめいし】

「動詞を名詞化したもの」
「動詞と名詞」両方の性質を持つと言われるが、結局は「名詞」になるってことが隠れた重要ポイント。

分詞 【ぶんし】

「動詞から分かれた詞」
「動詞が、形容詞の働きをする」ものを「分詞」と名づけた。
分詞には2種類あって、-ing（現在分詞）とp.p.（過去分詞）がある。
現在分詞は「～している」という意味、過去分詞は「～される」という意味になる。

p.p. 【ぴいぴい】

「過去分詞」を英語で言うとpast participleで、これの先頭を取ったもの。普段いちいち「過去分詞」と書くのは時間がもったいないので、ボクの授業ではp.p.としか書かない。これだけでも学習のスピードがかなり上がる。

「不定詞・動名詞・分詞」のポイント

❶ 「不定詞・動名詞・分詞」3つとも、もともと動詞だったものが"to～"や"-ing"に変形して「品詞」が変わったという意識を持つ

❷ 不定詞の3用法を理解する

❸ 不定詞と動名詞のニュアンスを区別する

❹ 分詞は「形容詞の働き」ということを意識する

不定詞

38 不定詞の「名詞的用法」

「to＋動詞の原形」が名詞の働きをする

I don’t want to grow up.

Peter Pan James Matthew Barrie

オトナになんかなりたくないんだ。

『ピーター・パン』 バリー

従来の説明

to不定詞には「名詞的用法」「形容詞的用法」「副詞的用法」があります。訳し方は「名詞的用法」は「～すること」、「形容詞的用法」は「～するための」、「副詞的用法」が「～するために」です。

英語の核心

“to＋動詞の原形”は、動詞が3つの品詞（名詞・形容詞・副詞）に変化したものです。

➡従来は訳し方ばかり注目されますが、3つの品詞を意識することのほうが大事です（「○○的用法」って名前がついているのは、それだけその品詞の働きが大事だからです）。「to不定詞が苦手」という原因は、「品詞（名詞・形容詞・副詞）」を意識しないことなんです！

「走る」と「走ること」は違う!

日本語で「走る」と「走ること」はまったく違うんです。
見た目は変わりませんが、**「走る」は「動詞」**で、**「走ること」は「名詞」**です。文で考えれば、違いがハッキリします。

① ◎）彼は速く走る。　×）彼は速く走ること。
② ×）彼は走るを望む。　◎）彼は走ることを望む。

「走る」という動詞に、「こと」がくっつくと、名詞に変わるわけです。

よくテレビで芸人が外国人のマネをするとき「ワタシ、走るキライ」みたいな言い方をするのは、日本語が得意でない外国人が「走る（動詞）」→「走ること（名詞）」という変換ができない様子を表しているんです。

"run"と"to run"も違う!

日本語と同じように、英語でも品詞が大事です。
"run" は動詞「走る」ですよね。
これに**toをくっつけて "to run" にすると名詞「走ること」**になります。
このように、動詞にtoをくっつけたものを「to不定詞」と言います。
toの後ろは必ず「動詞の原形」です。過去形になったり、３単現のsがついたりすることはありません。

ちなみに、「to不定詞」は普段は「不定詞」と呼ばれることも多いです。

to不定詞は、動詞的要素も残してますが、最終的には動詞じゃないんです。だから「主語＋動詞」の動詞のところにto不定詞は置けません。

① ◎）He runs fast.　「彼は速く**走る**」
　×）He to run fast.　「彼は速く**走ること**」
② ×）He wants run.　「彼は**走る**を望む」
　◎）He wants to run.　「彼は**走ること**を望む」

to不定詞には3つの働きがある

to不定詞をさらにくわしく見ていきましょう。
to不定詞には「～すること」だけじゃなく、全部で３つの役割があるんです。

to不定詞が、「名詞の働き」なら「名詞的用法（～すること）」、「形容詞の働き」なら「形容詞的用法（～するための）」、「副詞の働き」なら「副詞的用法（～するために）」といいます。

「to不定詞が苦手」という人の大半は、「品詞（名詞・形容詞・副詞）」がわかっていないだけです。「名詞」は「主語などになる」、「形容詞」は「名詞を修飾する」、「副詞」は「名詞以外を修飾する」ものです。

【to不定詞の３用法】

①名詞的用法「～すること」　◆「主語」や「動詞の直後」にくる
②形容詞的用法「～するための」など　◆名詞を修飾する
③副詞的用法「～するために」など　◆名詞以外を修飾する

名詞的用法とは?

「名詞的用法」とは、「名詞と同じ働き」→「普通の名詞の代わりに“to＋動詞の原形”が入り込む」ってことです。例文で確認してみましょう。

The book is difficult. 「その本は難しい」

↓ 名詞 The book →名詞的用法 To read the book に変える

To read the book is difficult. 「その本を読むことは難しい」

×) Read the book is difficult.

動詞は主語になれません。

He wants the book. 「彼はその本を欲しがっている」

↓ 名詞 the book →名詞的用法 to read the book に変える

He wants to read the book. 「彼はその本を読むことを欲している」→「その本を読みたがっている」

×) He wants read the book.

動詞（wants）の直後に動詞は置けません。

訳し方ですが、名詞的用法は名詞っぽく「～すること」とします。

冒頭の『ピーター・パン』にもto grow upが使われています。

I don't want to grow up.

直訳は「僕は成長することを望まない」→「オトナになりたくない」です。

ここがポイント！

“to＋動詞の原形”には3つの役割（名詞・形容詞・副詞）がある！

不定詞 39 不定詞の「形容詞的用法」

後ろから名詞を修飾する。訳は「ゆる〜く」!

If you judge people, you have no time to love them.

Mother Teresa

人のあら探しなんかしていると、その人の良いところが見えなくなりますよ。

マザー・テレサ

従来の説明

形容詞的用法は「〜するための・〜すべき」と訳します。
たとえば、something to drinkは「何か飲むためのもの」です。

英語の核心

形容詞的用法は「後ろから名詞を修飾」します。訳すときは「ゆるく」訳してOKです(名詞を修飾してればOK)。

➡日本語と決定的に違うのは「後ろから修飾」という考え方です。さらに、従来の「〜するための」という訳し方に縛られる必要はありません。something to drinkは「何か飲むもの」と訳しましょう!

形容詞的用法は「後ろから名詞を修飾」

“to＋動詞の原形” が「名詞を修飾」していれば「形容詞的用法」です。

形容詞の働きは「名詞を修飾」することです。

日本語の場合、形容詞は「前から修飾」しますが、英語では、to不定詞の形容詞的用法は**「後ろから修飾」**します。

日本語：前から修飾「勉強する 時間」

英語：後ろから修飾　time to study

直訳「勉強するための時間」

形容詞的用法は「ゆる〜く訳す」

形容詞的用法の訳し方は、どの参考書にも「〜するための・〜すべき」と書いてあります。確かにこう訳すことが多いのですが、あまりこだわらないでください。たとえば、something to drinkを「何か飲むためのもの」と訳すのは不自然ですので「何か飲むもの（飲み物）」でOKです。

Give me something to drink.「何か飲み物ちょうだい」

要するに**「直前の名詞を修飾してればOK」**なんです。
「ゆるく訳せばOK」ぐらいに考えて大丈夫です。

自然な訳し方については216ページでさらにくわしく解説します。

ここがポイント！

形容詞的用法は「後ろから名詞を修飾」！
訳すときは「ゆるく」訳してOK！！

40 不定詞の「副詞的用法」

後ろから動詞などを修飾する

The fox jumped as high as he could to get the grapes.

The Fox and the Grapes Aesop

キツネはブドウを取るために、思いっきりジャンプしました。

『狐と葡萄』 イソップ

従来の説明

to不定詞の「副詞的用法」は「～するために」と訳します。

英語の核心

“to＋動詞の原形”が「名詞以外を修飾」しているものを「副詞的用法」といいます。「副詞的用法」は「～するために」という意味です。

➡toを見たらやみくもに日本語訳を当てはめるのではなく、「何を修飾しているか？」を判断するのが先です。副詞的用法だとわかれば「～するために」という意味になると自動的に判明します。
また、今まで語られなかった「日本語と英語の思考の流れ」の違いに注目して、副詞的用法を説明していきます！

日本語は「前から」修飾する

日本語「泳ぐために海に行く」は、次のような修飾のしかたになっています。

日本語：前から修飾「泳ぐために 海に行く」

「目的（泳ぐために）」は、「動詞（行く）」を修飾しています。
動詞を修飾するのは「副詞」です。

「副詞」は「名詞以外を修飾」でしたね。「名詞以外」とは「動詞・形容詞・副詞・文全体」のことです。

英語は「後ろから」修飾する

では、同じ意味を英語で考えてみましょう。

英語：後ろから修飾　go to the sea to swim

to swimが、goを修飾しています。
"to＋動詞の原形" が「名詞以外（動詞・形容詞・副詞・文全体）を修飾」しているので、「副詞」の働きをしているわけです。これを「不定詞の副詞的用法」といいます。「副詞的用法」の訳し方は「〜するために」です。

冒頭のイソップ童話『狐と葡萄』を見てみましょう。

The fox jumped as high as he could to get the grapes.

as high as he couldは「できるだけ高く」という高校レベルの決まり文句です。これを無視すれば、文がわかりやすくなります。

The fox jumped (as high as he could) to get the grapes .

jumpedという動詞を、to get the grapesが後ろから修飾しています。「ブドウを取るために」という意味になります。

日本語は「最後に結論」、英語は「最初に結論」

日本語と違って、go to the sea to swimという英語は、goのだいぶ後ろからto swimが修飾しています。従来の説明では、返り読みを強いられますので、ここからは今までとは少し違った角度で解説していきます。

日本語は「目的→動作」の順で語ります。

「泳ぐために海へ行く」
目的 → 動作

日本語の場合、動詞は文の最後にきますね。
だから「動作」が最後にくるわけです。

「彼は泳ぐために海へ行く」の「行く」が最後にきます。

おまけに日本語は「外堀から埋める」思考法で、「目的や理由から入って、最後に結論を言う」のが普通です。
だから「目的→動作」の順番になるんです。
逆に、**英語は「動作→目的」の順番**になります。

go to the sea to swim
動作 → 目的

英語では「結論をズバッと突いて、後で細かいことを言う」わけです。
「まずは主語＋動詞、それから目的」というのが英語の発想です。

He goes to the sea to swim.
「彼は行く」　　　　「泳ぐために」
動作　→　目的

ちなみに、to swimの部分を最初に言う場合もありますが、その場合は（日本語と同じように「目的→動作」の順番なので）まったく問題ないですね。

To swim, he goes to the sea.「泳ぐために、彼は海に行く」

ここがポイント！

英語は「まずは主語＋動詞、それから目的」という思考の流れ！
目的には“to＋動詞の原形”を使う!!

不定詞は「未来志向」

「to不定詞」と「前置詞to」の意外な共通点

The purpose of our lives is to be happy.

the 14th Dalai Lama

我々の生きる目的とは、幸せになることである。

ダライ・ラマ14世

従来の説明

「to不定詞」と「前置詞to」はまったくの別ものです。

英語の核心

「to不定詞」と「前置詞to」は、「形」は違います。でも「意味」に共通点があって、両方とも「矢印（⇒）」に置き換えられます。

➡「to不定詞（to＋動詞の原形）」と「前置詞to（to＋名詞）」は、「形」が違うので別もの扱いされますが、実は歴史をさかのぼると、元は同じ単語なので、大事な共通点があるんです。この感覚を持っていると、いろんなことがわかってくるんです！

「to不定詞」と「前置詞to」の「形」は違う

「to不定詞」の形が“to＋動詞の原形”と聞いて、I go to school. の「前置詞to」が浮かんだ方もいると思います。
この２つ、「形の上では」全然違います。

【toの判別：後ろに「動詞の原形」か「名詞」か？】
①to不定詞：to＋動詞の原形　I want to swim.
②前置詞to：to＋名詞　I go to school.

従来の説明はここまでです。
確かに「to不定詞」と「前置詞to」の区別は大事です。
でも、ここから少し掘り下げていくと「英語の核心」が見えてきます。
あくまで「to不定詞」と「前置詞to」の「形」は違うんですが、「意味」には共通点があるんです。

「to不定詞」と「前置詞to」の意外な共通点

歴史をさかのぼると、もともとは前置詞toがあって、そこからto不定詞が生まれたんです。

その証拠に、辞書によっては見出しがto 1つだけで、そこに「前置詞」と「不定詞」をまとめているものだってあるんです。

前置詞toは「方向（⇒）」を示しますね（71ページ）。

I go to school.
I go ⇒ school.　◆前置詞toを⇒に変換

同じように、to不定詞も矢印に変えてみます。

I want to swim in the sea.
I want ⇒ swim in the sea.

want「したい」っていう「気持ちが向かう方向」にswimがあります。
want to swimで「これから泳ぐことを望む」→「泳ぎたい」になるんです。

このようにto不定詞は「動作が向かう方向」から、**「これから～する」というニュアンス**を持ちます。
「to不定詞は未来志向」と言えるんです。

この「未来志向」という感覚が、後でものすごく役立ちます（221ページ）。

冒頭のダライ・ラマ14世の言葉にはto be happyがあります。

The purpose of our lives is to be happy.

to be happyは「これから幸せになること」というニュアンスが含まれているんです。

形容詞的用法・副詞的用法も「未来志向」!

さらにこの「未来志向」という考え方は、名詞的用法だけでなく、形容詞的用法・副詞的用法にも応用できます。

I have a lot of homework to do. 形容詞的用法

この英文は、よく不定詞の形容詞的用法の説明で使われるんですが、「するための宿題・すべき宿題」なんて訳されます。

悪くはないんですが、いまいちスッキリしない訳し方ですよね。

ではここで、**toを「これから～する」**で考えてみましょう。

I have a lot of homework [to do].

「たくさんの宿題がある」「**これから**する」

「これからする宿題」→「これからしなきゃいけない宿題」と考えればもっとキレイな訳になりますね。

最後は副詞的用法です。

I went to the sea [to swim]. 副詞的用法

「私は海に行った」「**これから**泳ぐ」

このように前から読んでも十分意味は取れるはずです。
おまけに、返り読みしない分だけ読むスピードも自然に上がるはずです。

このように、**toを見たとき、まずは直感的に「矢印（⇒）」に置き換えてみてください。**それだけで意味が取れちゃうこともたくさんあるんです。

ここがポイント！

toを見たら「矢印（⇒）」に置き換える！

動名詞は、あくまでも「名詞」

「動詞と名詞が半々」なんて覚えていない!?

Loving can cost a lot, but not loving always costs more.

Merle Shain

人を愛することで失うものがたくさんあるかもしれない。でも、愛を知らないと、それ以上に多くのものを失う。

マール・シェイン

従来の説明

動名詞は、動詞と名詞の性質を持ち、「～すること」と訳します。

英語の核心

「動名詞」は、あくまで「名詞」です。
名詞なので「～すること」という意味になります。

➡「動詞の性質と名詞の性質を～」なんて覚えると、結局「動詞なのか名詞なのか」がわからず、英文の構造がわからなくなっちゃいます。「動**名詞**」みたいなイメージを持ってください。あくまで動名詞は「名詞」なんです！

動名詞って何?

動名詞（-ing）とは「動詞を名詞化」したものです。
「動詞（～する）」＋「名詞（～こと）」＝「動名詞（～すること）」です。

進行形の -ingと見た目が同じですが、性質が違うので注意を。

従来はこのような「動名詞は、動詞の性質と名詞の性質を持つ」しか言われませんが、一番大事なことが抜けています。

動名詞で大事なのは **「あくまで名詞！」** ってことなんです。

このように「**動名詞**」みたいなイメージを持ってください。

「メガネザル」は、「メガネ」じゃなく「サル」です。古い例ですが「エロかっこいい」は「かっこいい」んです。「かっこいいエロ」なら「エロ」になっちゃいます。後ろにくる言葉が強調されますので、「動名詞」は「名詞」なんです。

動名詞は「名詞」と同じ働き

文の構造を考えるときは、名詞（次ページの文ではthe book）の代わりに動名詞（swimming）がきたというイメージを持ってください。

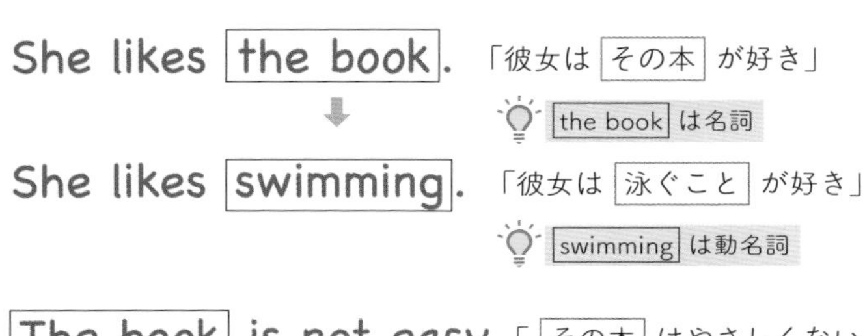

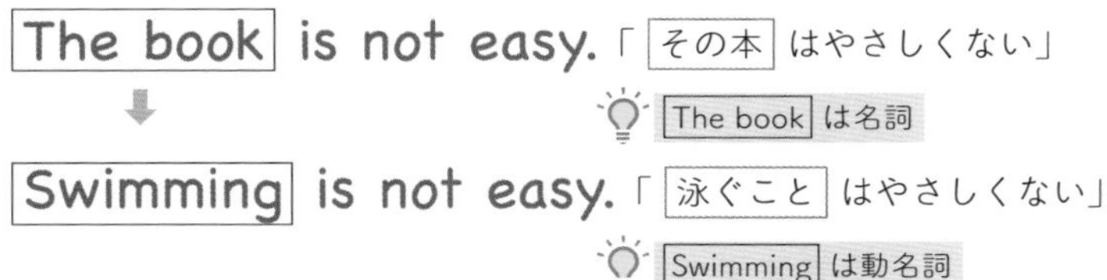

名詞ですから「動詞の直後に置ける」し、「主語になれる」わけです。

冒頭のマール・シェイン（カナダの作家）の言葉を見てみましょう。

<u>Loving</u> can cost a lot, but not <u>loving</u> always costs more.

Loving「愛すること」が主語になっています。but以降の文でもnot loving「愛さないこと」が主語になっています。

直訳は「愛することは多くの犠牲を払うこともありえるが、愛さないことはいつも、もっと多くの犠牲を払うことになる」です。

この後には「愛を知らないと人生の喜びが奪われる」という内容が続きます。ちなみに、canは「ありえる」、costは「犠牲を払う・お金を払う」という意味です。

ここがポイント！

動名詞はあくまで「名詞」の働き！

不定詞は「未来志向」、動名詞は「反復・中断」

「未来志向」はto、「反復・中断」は-ingをとる

Tell me that you love me and I will stop being a Capulet.

Romeo and Juliet William Shakespeare

私のことを好きだと言って。そう言ってくれれば、私はキャピュレットの名を捨てるわ。

『ロミオとジュリエット』 シェイクスピア

従来の説明

wantの後にはtoがきます。enjoyの後には-ingがきます。覚えましょう。

英語の核心

to不定詞は「未来志向」、動名詞は「反復・中断」のイメージです。

➡これを知っていれば、余計な丸暗記がなくなります。wantは「これからのことを望む」のでtoが、enjoyは「何回も繰り返し楽しむ」ので-ingがくるんです。ほかの動詞にも応用がききますよ。

to ～と-ingの違い

動名詞（-ing）は「名詞の働き」でしたね。
でも、to不定詞の名詞的用法も「名詞の働き」ですよね（206ページ）。ここで昔から、次のような書き換えを習ってしまうんです。

【従来の説明：to不定詞＝動名詞】
He likes [to swim].
＝He likes [swimming].

これ、予備校で聞くと受験生の99％は「まったく同じ」と思い込んでいます。確かに「名詞の働き」という意味ではto swim＝swimmingですが、意味は微妙に違うんです。

to不定詞は「未来志向」です。
「これから～する」というニュアンスが含まれていましたよね（216ページ）。

He likes [to swim].「[これから泳ぐこと]を好む」→「泳ぎたい」

こういう意味になるんです。
水泳が好きじゃない人でも「（何かしらのチャンスがあって）これから泳ぎたい」というときに使うイメージです。

一方、**動名詞には「反復（何度も繰り返す）」イメージ**があります。

He likes [swimming].「[何度も繰り返して泳ぐこと]が好きだ」
→「水泳が好き」

こちらは「反復」なので、水泳が趣味の人が使います。別に「これから泳ぐ」ってことじゃありませんので、真冬に言ってもOKなんです。
このように、使われるシチュエーションが違うんです。

wantの後ろにtoがくる理由(わけ)

「to不定詞は未来志向」ですから、次のような書き換えはNGなんです。

◎）He wants [to swim]. 「彼は泳ぎたがっている」
×）He wants [swimming].

wantは「これから～することを望む」わけですから、to不定詞と相性抜群、でも-ingとは合わないんです。

ほかにも、hope「（これから）～したがる」やdecide「（これから）～することに決める」も後ろにtoしかきません。
hopeにもdecideにも「これから」というニュアンスが含まれているからです。

◎）I hope [to see] you again. 「またお会いしたいと思っています」
×）I hope [seeing] you again.

◎）He decided [to become] a teacher.
「彼は教師になることを決心した」
×）He decided [becoming] a teacher.

enjoyの後ろに-ingがくる理由

一方**「動名詞は反復」なので、enjoyは-ingと相性がいい**んです。
enjoyは「（繰り返し何度も）楽しむ」って意味だからです。

趣味は「繰り返す」ものですよね。

◎）He enjoys swimming.「彼は水泳を楽しむ（水泳が好きだ）」
×）He enjoys to swim.

さらに動名詞を深めていきましょう。
動名詞は「反復」のイメージから、さらにその行為を「もうやめる」、つまり**「中断・終了」**のイメージが生まれました。ですからstop・finishも後ろには-ingがきます。to不定詞はきません。

◎）He stopped swimming.「彼は泳ぐのをやめた」
×）He stopped to swim.

◎）She finished reading the book.
「彼女はその本を読み終えた」
×）She finished to read the book.

冒頭の『ロミオとジュリエット』の英文を見てみましょう。

Tell me that you love me and I will stop being a Capulet.

stop being a Capuletは、直訳「キャピュレット家の人間であることをやめる」→「キャピュレットの名を捨てる」という意味です。

ちなみに、a Capuletは「キャピュレット家の人間」という意味です。

aは「たくさんある中の1つ」ですから、a Capuletのもともとの意味は「たくさんいるキャピュレットという名前の人の中の1人」です。ロミオとジュリエットはそれぞれ敵対する家の出身なわけです。でも愛し合ってしまう。だから「この名前さえなければ……」というシーンで、この直前に有名な"Oh, Romeo, Romeo! Why are you Romeo?"「ああ、ロミオ。あなたはどうしてロミオなの」というセリフがあります。

正直、中学英語だけなら「want・plan・decideはtoをとる。enjoy・stop・finishは-ingをとる」と丸暗記したほうが早いかもしれません。でも高校レベルになると、60個以上の動詞を覚えなきゃいけなくなります。
そのときにこのイメージがあると暗記量が激減しますので、ぜひ「toは未来志向、-ingは反復・中断」と押さえてください。

ここがポイント！

toは「未来志向」！
-ingは「反復・中断」のイメージ!!

分詞の「形容詞的用法」（現在分詞）

-ingが「形容詞か」「名詞か」で判別する!

Friendship is a single soul dwelling in two bodies.

Aristotle

友情とは、１つの命が２人の身体に宿ることである。

アリストテレス

従来の説明

-ingが名詞を修飾するものを「分詞（ぶんし）」といいます。
「～している」と訳します。

英語の核心

-ingは「名詞の働き」なら「動名詞」ですが、「形容詞の働き」なら「分詞」といいます。形容詞の働きなので、名詞を修飾するわけです。

➡ただ「-ingが分詞」と習うと、後になって動名詞と混乱しちゃいます。-ingを見たら「名詞」なのか「形容詞」なのか、という視点を持つと、（今はちょっとメンドくさいかもしれませんが）将来壁にぶつからなくなりますよ。

動詞を形容詞に変えたいときは……

「走っている少年」を英語で言いたいとき、「動詞（走る）」を「形容詞（走っている）」に変えたいわけです。「動詞（run）」のままでは、「名詞（boy）」を修飾できませんので、ちょっと形を変える必要があるわけです。

動詞を -ing にすると「形容詞」に変わるんです。

×）a run boy　runのままでは名詞を修飾できない
◎）a running boy「走っている少年」　runningは名詞を修飾できる

このように「動詞→形容詞」と変化したものを「分詞」といいます。

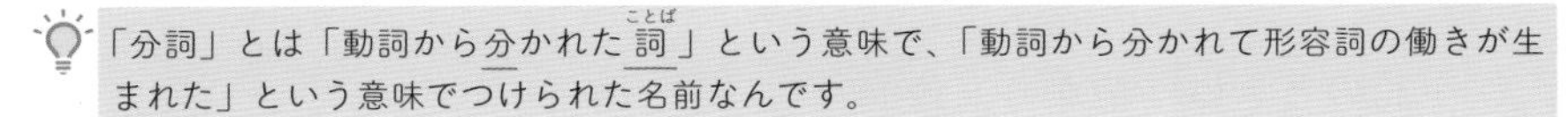

「分詞」とは「動詞から分かれた詞（ことば）」という意味で、「動詞から分かれて形容詞の働きが生まれた」という意味でつけられた名前なんです。

2種類の分詞

「分詞」には２種類あります。
-ing（現在分詞）と**p.p.（過去分詞）**の２つです。つまり「動詞→形容詞」にするときの変形パターンが２つあるということです。

「過去分詞」については次回のテーマでくわしくお話しします。

英語は「後ろから」も修飾する

日本語で「名詞」を修飾するとき、ただひたすらその名詞の前にいろんな単語をつけ足していきます。

「少年」
「走っている少年」
「公園を走っている少年」

日本語には「前から」の修飾しかありませんが、**英語には「前から」だけじゃなく「後ろから」の修飾もある**んです。
「1語は前から修飾、2語以上のカタマリは後ろから修飾」します。

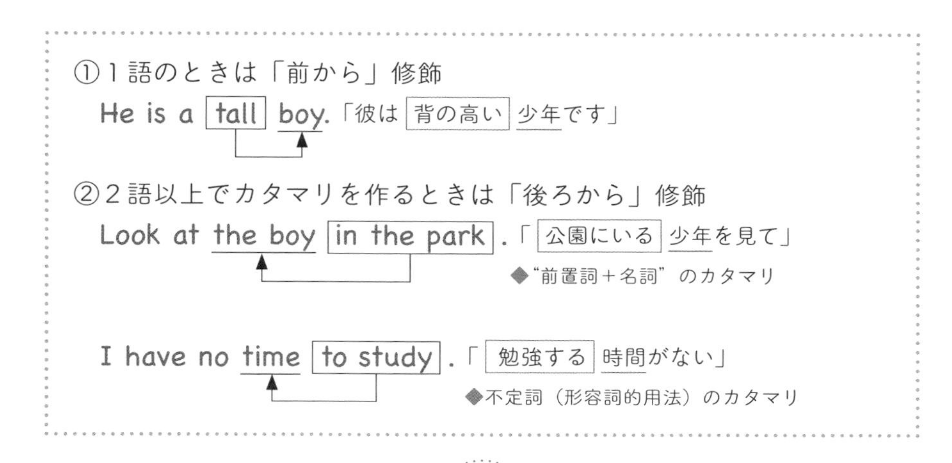

①1語のときは「前から」修飾
He is a tall boy.「彼は背の高い少年です」

②2語以上でカタマリを作るときは「後ろから」修飾
Look at the boy in the park.「公園にいる少年を見て」
◆"前置詞＋名詞"のカタマリ

I have no time to study.「勉強する時間がない」
◆不定詞（形容詞的用法）のカタマリ

「後ろから」修飾するのが英語の大きな特徴ですが、これは今までに学んだ「前置詞」「不定詞（形容詞的用法）」ですでに出てるんです。

名詞の後ろから-ingが修飾する

ここまでをまとめると、「-ingが名詞を修飾する」、つまり「形容詞の働き」のとき「分詞」というわけです。また、**-ingは「～している」という意味**になります。
実例で確認してみましょう。

Look at the cat sleeping there.
「そこで**寝ている**ネコを見てごらん」

the catをsleeping thereが後ろから修飾しているわけです。

Look at the cat [sleeping there].「[そこで寝ている]ネコを見てごらん」

冒頭のアリストテレスの言葉を見てみましょう。

Friendship is a single soul [dwelling in two bodies].

直訳は「友情とは、２つの体に住んでいる１つの命だ」になります。

dwellは「住む」という意味です。

現在分詞は「-ingの判別」がカギ

現在分詞の形は-ingです。
動詞「～する」が、形容詞「～している」に変わるんです。
実は、現在分詞-ingは「進行形」でも使われていたんです。

【進行形の -ing：形容詞の働き】

He is [tall].「彼は[背が高い]」

⬇ ◆形容詞tallの位置にrunningが入ってもOK

He is [running].「彼は[走っている]」

isの後ろにある「形容詞（tall）」の代わりにrunningがきてもOKですね。

もちろん意味は全然違いますが、形は同じです。この文からもrunningが「形容詞の働き」ってわかりますね。

でも動名詞の-ingとは全然違います。動名詞は「名詞の働き」でしたよね。
見た目が-ingというだけで、働きは違うんです。

-ing		
形容詞の働き		名詞の働き
-ing 現在分詞	❶進行形で使われる ❷名詞を修飾	-ing 動名詞

要は、**-ingを見たら「形容詞か名詞の働き」だと考えればOK**なんです。

ここがポイント！

-ingには「形容詞の働き」がある！

分詞の「形容詞的用法」(過去分詞)

過去分詞は動詞の3番目の変化形

Every man's life is a fairy-tale written by God's finger.

Hans Christian Anderson

人生とは、すべて神様が綴(つづ)ったおとぎ話なのです。

ハンス・クリスチャン・アンデルセン

従来の説明

過去分詞は「〜される」と訳し、名詞を修飾します。

英語の核心

動詞は「原形-過去形-過去分詞」と3変化します。過去分詞は、現在分詞と同じように「形容詞の働き(名詞を修飾する)」をします。

➡動詞3変化のラストは「過去分詞」です。英語はたった3つしか変化しないので、これだけは覚えてください。日本語なんて「未然形・連用形・終止形・連体形・仮定形・命令形」と変化するわけですから、英語のほうがずっとラクなんです。

過去分詞は動詞の3番目の変化形

分詞の１つめは-ingでしたが、２つめは「過去分詞（p.p.）」です。
過去分詞とは、動詞の「３番目の変化形」のことです。

原形 speak － 過去形 spoke － 過去分詞 spoken

たとえばspeakなら、speak-spoke（スポウク）-spoken（スポウクン）と変化します。

「マジかよ、またあれ覚えんのかよ!?」と言われそうですが、たった３変化ですから、これだけは覚えてくださいね。不規則動詞の変化一覧は235ページです。

もちろん規則変化の動詞は-edをつけるだけです。
playなら、play-played-playedです。

過去分詞は「～される」という意味になる

現在分詞は「～している」という意味でした。
過去分詞は「～される」という意味になります。

現在分詞の例

a man [speaking English]　「[英語を話している] 男性」

過去分詞の例

spoken language「話し 言葉」
直訳「話されている言葉」
a language spoken in that country「その国で話されている 言語」

現在分詞のときと同じように、「1語のときは前から修飾、2語以上は後ろから修飾」です。

冒頭のアンデルセンの言葉を見てみましょう。

Every man's life is a fairy-tale written by God's finger.

a fairy-taleを、後ろからwritten by God's fingerというカタマリが修飾しています。
直訳は「すべての人間の人生は、神様の指によって書かれたおとぎ話なのです」になります。

英語はいきなり核心を突く

以上で分詞の説明は終わりなんですが、英語アタマになるためにもう少しだけ掘り下げていきましょう。

日本語は、ズバッと核心を突くのではなく、周りから攻めていく言語でしたね（212ページ）。たとえば、次ページのイラストを見てください。

これを見て「公園を走っている少年」と説明するのが日本語です。中心の「少年」をズバッと先に言うのではなく、少年の周りの状況「公園・走っている」を先に説明する（言葉にする）んです。

でも、**英語はいきなり核心を突きます。**
イラストの中心は「少年」です。まずは「少年」に触れます。
「少年！　公園を走ってるけどね」って感覚です。

日本語：周りから中心へ	「公園を走っている 少年」
英語：中心から周りへ	the boy running in the park 「少年！」「公園を走っている」 a language spoken in that country 「言語！」「その国で話されている」

こういう「いきなり核心を突く」というのが英語の感覚・リズムなんですね。

ここがポイント！

動詞3変化のラスト「過去分詞」を覚えよう！
過去分詞は「～される」という意味になる!!

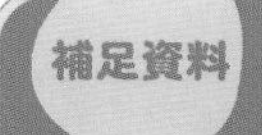

不規則動詞の変化表

※アルファベット順に並べるのではなく、覚えやすいものどうしをまとめてみました。

A-A-A型（すべて同じ形）

意味	原形	過去形	過去分詞
切る	cut	cut	cut
置く	put	put	put
打つ	hit	hit	hit

A-B-A型（原形と過去分詞が同じ）

意味	原形	過去形	過去分詞
来る	come	came	come
～になる	become	became	become
走る	run	ran	run

A-B-B型（過去形と過去分詞が同じ）

意味	原形	過去形	過去分詞
持ってくる	bring	brought	brought
買う	buy	bought	bought
思う	think	thought	thought
つかまえる	catch	caught	caught
教える	teach	taught	taught
建てる	build	built	built
送る	send	sent	sent
費やす	spend	spent	spent
売る	sell	sold	sold
話す	tell	told	told
言う	say	said	said
払う	pay	paid	paid
持つ	have	had	had
作る	make	made	made
聞く	hear	heard	heard
見つける	find	found	found
立つ	stand	stood	stood
理解する	understand	understood	understood
得る	get	got	got
会う	meet	met	met
座る	sit	sat	sat
去る	leave	left	left
保つ	keep	kept	kept
眠る	sleep	slept	slept
失う	lose	lost	lost

A-B-C型（全部違う形）

意味	原形	過去形	過去分詞
～である	be	was / were	been
する	do	did	done
行く	go	went	gone
壊す	break	broke	broken
話す	speak	spoke	spoken
取る	take	took	taken
食べる	eat	ate	eaten
与える	give	gave	given
見る	see	saw	seen
知る	know	knew	known
成長する	grow	grew	grown
描く	draw	drew	drawn
投げる	throw	threw	thrown
書く	write	wrote	written
運転する	drive	drove	driven
歌う	sing	sang	sung
泳ぐ	swim	swam	swum
鳴る	ring	rang	rung
飲む	drink	drank	drunk
始める	begin	began	begun

おわりに

お疲れさまでした。本書をお読みいただき、本当にありがとうございます。
大量の英語教材があふれ返る中で、本書を手に取り、しかも実際に読んでいただけたことは奇跡的なことだと思います。

この本のように「英語の土台」に直接メスを入れる発想は、今の日本の英語教育界では残念ながら超少数派です。
従来のズレた土台をやさしく説明する方法に慣れてしまった現状では、この本が本当に意図するところを誤解され、「説明が小難しい」「理屈っぽい」と言われることもあるでしょう。
おまけに、最近の「使える英語に文法はいらない」という根拠のない風潮が、真摯に英語と向き合う機会をさらに狭めてしまっています。
そういった現状に、微力ながら一石を投じることができればという思いでこの本を全力で書きました。

あと何年かしたら、高性能の音声翻訳機が世間に浸透するかと思います。そうなれば「使える英語」と言って、決まり文句を丸暗記してきた人の英語力は「無」になります。
そのときには、この本で強調してきた「文化背景・ネイティブのキモチ」から理解した「本当の英語」が必要になると思います。そのときまでに、この本の読者のみなさまの努力が1つの形になっていることを本当に願っております。

最後に、出版という素晴らしい機会をくださる、株式会社KADOKAWAのみなさまには、大変感謝しております。本当にありがとうございました。

関　正生

【参考文献】

- *Romeo and Juliet*　IBCパブリッシング　William Shakespeare
- *Tales of Two Princesses: Cinderella & Sleeping Beauty*　IBCパブリッシング　Xanthe Smith Serafin
- *Aesop's Fables*　IBCパブリッシング　Aesop
- *Peter Pan*　IBCパブリッシング　James Matthew Barrie
- *Aladdin and Other Tales from The Arabian Nights*　IBCパブリッシング
- *Beauty and the Beast*　IBCパブリッシング　Xanthe Smith Serafin
- *Gulliver's Travels*　講談社インターナショナル　Jonathan Swift
- *The Little Prince*　A Harvest Book　Antoine de Saint-Exupéry
- *FAIRY TALES FROM HANS CHRISTIAN ANDERSEN*　講談社インターナショナル　Hans Christian Andersen
- 『I LOVE YOU 英語で届ける愛のことば』　中経出版　English Zone編集部
- 『英語で聴く 世界を変えた感動の名スピーチ』　中経出版　平野次郎・鈴木健士
- 『音読したい英語名言300選』　中経出版　田中安行監修　英語名言研究会編著
- 『1日10分ビジネスパーソンがよく使う英語名言』　中経出版　今井 卓実
- 『心を揺さぶる！　英語の名言』　PHP研究所　松本祐香
- 『英語で読む 旧約聖書』　ジャパンタイムズ　Benjamin Woodward
- 『ビジネスに効く英語の名言名句集』　研究社　森山進

関　正生（せき　まさお）
1975年東京生まれ。埼玉県立浦和高校、慶應義塾大学文学部（英米文学専攻）卒業。
TOEIC L&Rテスト990点満点取得。リクルート運営のオンライン予備校「スタディサプリ」講師。スタディサプリでの有料受講者数は年間140万人以上。
いままでの予備校では、250人教室満席、朝6時からの整理券配布、立ち見講座、1日6講座200名全講座で満席など、数々の記録を残した英語教育業界の革命児。
著書は「世界一わかりやすい授業」シリーズ、「大学入試　関正生のプラチナルール」シリーズ（以上、KADOKAWA）など累計300万部突破。またNHKラジオ「基礎英語3」テキストでのコラム連載、英語雑誌『CNN ENGLISH EXPRESS』での記事執筆など多数。
TSUTAYAの学習DVDランキングではトップ10を独占。
オンライン英会話スクールhanaso（株式会社アンフープ）での教材監修、社会人向けの講演など、25年以上のキャリアで磨かれた「教えるプロ」として、英語を学習する全世代に強力な影響を与えている。

カラー改訂版（かいていばん）　世界一（せかいいち）わかりやすい中学英語（ちゅうがくえいご）の授業（じゅぎょう）

2020年2月15日　初版発行
2024年6月25日　12版発行

著者／関（せき） 正生（まさお）

発行者／山下 直久

発行／株式会社KADOKAWA
〒102-8177　東京都千代田区富士見2-13-3
電話　0570-002-301（ナビダイヤル）

印刷所／株式会社加藤文明社印刷所

●お問い合わせ
https://www.kadokawa.co.jp/（「お問い合わせ」へお進みください）
※内容によっては、お答えできない場合があります。
※サポートは日本国内のみとさせていただきます。
※Japanese text only

定価はカバーに表示してあります。

ISBN 978-4-04-604482-2　C0082